Das Andere
33

Wisława Szymborska
Correio Literário
ou como se tornar (ou não)
um escritor

Tradução de Eneida Favre
Editora Âyiné

Wisława Szymborska
Correio literário ou como se tornar (ou não) um escritor
Título original
Poczta literacka czyli jak zostać (lub nie zostać pisarzem)
Seleção e organização
Teresa Walas
Tradução
Eneida Favre
Edição
Maria Emília Bender
Preparação e revisão técnica
Piotr Kilanowski
Revisão
Juliana Amato
Giovani T. Kurz
Projeto gráfico
CCRZ
Imagem da capa
Julia Geiser

Direção editorial
Pedro Fonseca
Direção de arte
Daniella Domingues
Coordenação de comunicação
Amabile Barel
Redação
Andrea Stahel
Designer assistente
Gabriela Forjaz
Imprensa
Clara Dias
Conselho editorial
Lucas Mendes

This book has been published with the support of the © POLAND Translation Program

Todos os direitos reservados. Esta tradução foi publicada em acordo com Społeczny Instytut Wydawniczy Znak Sp. z o.o., Cracóvia, Polônia.

Quarta edição, 2025
© Editora Âyiné
Praça Carlos Chagas, 49
Belo Horizonte
30170-140
ayine.com.br
info@ayine.com.br

Isbn 978-85-92649-94-4

Sumário

7 Conversa sobre o «Correio literário»
15 Correio literário
123 Nota final

Conversa sobre o «Correio literário»

Teresa Walas: Quem teve a ideia do «Correio» no semanário *Życie Literackie* [Vida Literária]?

Wisława Szymborska: Não foi preciso ter ideia nenhuma. Essa é uma velha tradição das revistas literárias. Sempre precisávamos responder a alguns autores, particularmente aos iniciantes, mas não lhes escrevíamos cartas. Em geral resolvia-se tudo com um breve «não vamos aproveitar» ou «sugerimos trabalhar um pouco mais o texto». Então nós consideramos que talvez valesse a pena, às vezes, justificar tal decisão.

TW: «Nós» significa quem?

WS: Włodzimierz Maciąg e eu. Nós dois nos revezávamos escrevendo o «Correio Literário». Nossos textos são fáceis de distinguir. Włodek[1] escrevia na forma masculina do tempo passado: «li [*przeczytałem*]», «pensei [*pomyślałem*]», e eu usava a primeira pessoa do plural. Como eu era a única mulher do grupo, se escrevesse na forma feminina do tempo passado «li [*przeczytałam*]», «pensei [*pomyslałam*]», eu seria imediatamente identificada.[2]

---

1   Diminutivo de Włodzimierz. [Todas as notas são da tradutora.]
2   Em polonês, o passado dos verbos tem flexão de gênero. A terminação «am» indica a primeira pessoa do singular no gênero feminino. Servindo-se da primeira pessoa do plural, que engloba ambos os gêneros, a autora não seria reconhecida.

TW: O carrasco também prefere permanecer anônimo e usar um capuz negro.

WS: Que observação forte! Mas acho que aquelas não eram execuções irreversíveis. O condenado poderia continuar escrevendo como vinha fazendo até então, só que enviaria os textos a outros periódicos. Ou de repente começaria a escrever um pouco melhor, talvez de outro modo. Nossos correspondentes eram predominantemente jovens, e na juventude tudo ainda é possível. Até mesmo um deles se tornar um escritor de verdade.

TW: Mas tendo diante dos olhos a obra de um candidato a estreante indefeso e trêmulo, você não se sentia um ser sem coração?

WS: Sem coração? Eu mesma comecei com poeminhas ruins e contos ruins. E sei que um balde de água fria na cabeça tem propriedades terapêuticas. Sem coração mesmo eu me mostrei quando uma pessoa se fazendo passar por professor escreveu na carta «ecuação» com «c» em vez de «q».

TW: Mas isso é uma questão de ignorância, não uma questão da arte.

WS: No nível do «Correio», ainda não era possível se falar em arte. Eu tentava transmitir coisas elementares, incentivava a refletir sobre o texto recém-escrito e a ter certa atitude crítica em relação a si próprio. Por último, eu encorajava a leitura de livros. Talvez esteja me iludindo, mas espero que alguns deles tenham cultivado esse hábito maravilhoso por toda a vida.

TW: Algum de seus correspondentes já revelou sua identidade?

WS: Não. Além do mais, ninguém tem essa obrigação. A pessoa pode superar aqueles primeiros trabalhos desajeitados e até esquecer que um dia os enviou para algum lugar.

TW: Você sempre esteve segura a respeito dos seus critérios de avaliação?
WS: Nem sempre, mas nos casos de extrema escrevinhação, sim.

TW: Exato! Você usou a palavra «escrevinhação», uma palavra que estigmatiza sem misericórdia. Não sei se você prestou atenção, mas, em outras áreas das atividades humanas, um trabalho mal executado não comporta epítetos tão marcados emocionalmente. A palavra «lambão», por exemplo, também não é gentil, mas não dá para comparar com escrevinhador. O carpinteiro ruim, o encanador ruim e o relojoeiro amador vivem em paz e ninguém os insulta. Os insultos agridem os criadores medíocres: escrevinhador, borra-tintas, musiqueiro. E também os amantes desafortunados. Porque «impotente» é tão ofensivo quanto «escrevinhador».
WS: Só que o escrevinhador, em sua área, tem poder! Muito poder, poder até demais. De qualquer maneira, não lembro ter chamado ninguém de escrevinhador no «Correio». O que eu procurava era encaminhar aquela hiperatividade escritural para outras direções. Por exemplo, aconselhava a escrever cartas, um diário ou versos para as pessoas do círculo mais próximo.

TW: Ou seja, descarregar as energias na escrita não profissional?
WS: Exato. O problema começa quando o autor de um poeminha comemorativo gracioso ouve dos conhecidos:

«Puxa, isso é ótimo, você deveria publicar sem falta em algum lugar». E daí o que talvez tenha sido bom e adequado em determinada situação, tenha agradado a eleita de grandes olhos azuis, chega às mãos de algum redator malvado, que não compartilha daquela admiração.

TW: É possível reconhecer aqui o espírito da modernidade. Porque antigamente era natural que um homem mais ou menos educado mostrasse certa aptidão amadora para as belas-artes. Escreviam-se versinhos comemorativos da mesma forma como se pintavam aquarelas ou se tocava piano.

WS: Só que, naquela época, ocorria a poucos enviar imediatamente o textinho para os jornais e revistas. O círculo privado bastava.

TW: Mais tarde a escrita se tornou uma profissão e o romantismo lhe conferiu um alto posto na hierarquia social (principalmente ao poeta).

WS: E nos tempos não românticos do «Correio», ao poeta coube um posto ainda mais alto. Lembremos que aqueles eram tempos cinzentos, toscos e insípidos. Fundir-se na multidão anônima deveria ser o bastante para encher o indivíduo de uma felicidade sem limites. Entretanto, todos na vida querem se destacar por algo, ganhar visibilidade por si mesmos. Havia então poucas opções. Parecia que a melhor era ver o próprio nome numa publicação.

TW: Hoje, para «ganhar visibilidade» basta aparecer na televisão.

WS: E, por exemplo, responder à pergunta: Quem é o autor de *Treny* [Lamentos]? a) Shakespeare, b) Michał

Bałucki, c) Jan Kochanowski, d) Ursinho Poof.[3] E o curioso é que mesmo aquele que aposta em Bałucki vai voltar para casa coberto de glória. Durante algum tempo, as pessoas vão reconhecê-lo na rua.

TW: Ao ler o «Correio», percebi que você é uma das poucas pessoas que têm a coragem de dizer a um diletante que um escritor deveria ter talento. Os críticos sérios relutam em usar essa palavra hoje em dia — ela pertence mais ao rol das palavras omitidas, para não dizer desmoralizadas.

WS: E talvez seja correto omiti-las, porque o talento é uma noção difícil de ser definida cientificamente. Mas isso não significa que algo que não possa ser definido com exatidão não exista. De qualquer modo, não sou crítica literária e posso me permitir certas liberdades. Talento... Alguns o têm, outros nunca o terão. O que afinal não significa que esses outros sejam uns derrotados. Talvez eles se tornem excelentes bioquímicos ou descubram o Polo Norte!

TW: Pelo que me lembro, ele já foi descoberto há muito tempo.

WS: Realmente, eu me empolguei. Mas o que queria dizer é que o talento literário é um entre muitos talentos. A pessoa pode ter outros.

TW: Seus correspondentes costumavam fazer referências a exemplos de gênios subestimados?

---

3   *Treny*: ciclo de epicédios escritos por Jan Kochanowski (1530-84), poeta considerado o pai do idioma literário polonês. Michał Bałucki (1837-1901): escritor, comediante e jornalista polonês representante do positivismo.

WS: Às vezes. Mas o verdadeiro pesadelo do «Correio» era Rimbaud. Os autores de dezesseis anos em geral sabiam que ele tinha escrito poemas geniais na idade deles. Então como os poemas deles poderiam ser piores?

TW: Por acaso chegavam ao «Correio» textos politicamente censuráveis que, justamente por essa razão, precisavam ser deixados de lado?

WS: Não me lembro de textos assim. Os textos «que iam contra as diretrizes oficiais», sim, chegavam à redação, mas quem os enviava eram pessoas que tinham um nome, que já tinham certa importância.

TW: Ou seja, as pessoas não começavam pela revolta, mas pelo conformismo?

WS: Não sei se na época isso era tão estranho como parece hoje. A ideia inicial era simplesmente estrear. E por isso, antes de mais nada, era preciso se informar sobre o que os autores publicados escreviam e depois tentar escrever algo semelhante. Um pouco mais tarde é que os autores desenvolvem um pensamento próprio e a expressão individual... Vale lembrar que o tempo todo estamos falando de uma situação em que ainda não circulavam publicações clandestinas, que não eram submetidas à censura, o que criou possibilidades completamente diversas não só para os escritores maduros como para os iniciantes. Os jovens puderam escrever sobre temas que a censura não conseguia engolir.

TW: Fico feliz que você tenha concordado com a publicação desse «Correio». Me diga: quais foram suas impressões lendo-o de novo agora?

WS: Que esse «Correio» tem mais humor do que valor didático. E que a maior parte da responsabilidade por essa desproporção é minha. Mas o resto dela é seu, Teresa, porque foi você quem se lembrou dele e, vasculhando velhos números da revista, o desencavou.

Outubro de 2000

Correio literário

Observador, Cracóvia

O senhor nos acusa injustamente de reprimir jovens talentos literários. «É preciso cuidar com mimos», lemos, «dessas plantinhas frágeis, e não como vocês fazem, criticando sua debilidade e a incapacidade de produzir um fruto já maduro». Não somos partidários do cultivo de plantinhas literárias em estufa. As plantinhas precisam se desenvolver num clima natural e adaptar-se desde cedo às condições ambientais. Às vezes a plantinha acredita que será um carvalho, mas nós vemos que é uma graminha comum. Mesmo os cuidados mais zelosos não vão transformá-la num carvalho. Às vezes, é claro, podemos nos enganar no diagnóstico. Mas, afinal de contas, nós não proibimos que essas plantinhas cresçam, não as arrancamos com as raízes. Elas podem continuar crescendo para, algum dia, darem prova da nossa falibilidade. Admitiremos com entusiasmo nosso erro. Além do mais, se o senhor lesse nossa coluna com mais boa vontade, perceberia que sempre que encontramos algo digno de elogio procuramos destacá-lo. Mas o fato de haver relativamente poucos elogios já não é culpa nossa. O talento literário não é um fenômeno de massa.

H. J., Różnica

Acontece com bastante frequência de o redator deste «Correio» ler cartas com ameaças. Essas cartas dizem mais ou menos o seguinte: por favor, me diga se meus textos valem alguma coisa, porque se não tiverem darei imediatamente um fim nisso, rasgarei tudo, jogarei no lixo, vou me despedir dos meus sonhos de fama, vou ficar desesperado, vou duvidar de mim mesmo, terei um colapso, começarei a beber, deixarei de acreditar no sentido da minha própria existência etc. etc. O redator então não sabe o que fazer. O que quer que venha a escrever pode ser perigoso. Se escreve que os poemas ou a prosa são ruins, está armada uma grande tragédia. Se escreve que são bons, o autor vai pirar de vez com sua suposta aptidão (já houve casos assim). Alguns exigem ainda que se responda de imediato, porque coisas terríveis podem acontecer. Nem refletir sobre o assunto eles permitem.

Harry, Szczecin

O senhor elaborou uma longa lista de escritores cujo talento não foi, a princípio, absolutamente reconhecido pelos redatores e editores, que depois muito se arrependeram e se envergonharam disso. Compreendemos a alusão no ar. Lemos suas crônicas com a humildade apropriada à nossa falibilidade. Elas são obsoletas, mas isso ainda não é nada. Elas certamente serão incluídas em suas *Obras completas*, se o senhor escrever, além disso, algo à altura de *Lalka e Faraon*.[4]

---

[4] *Lalka* e *Faraon*: dois romances poloneses famosos, escritos por Bolesław Prus (1847-1912) no final do século XIX, publicados em forma de folhetim em jornais de Varsóvia.

H. C. (G?), Słomniki
Sempre pedimos... pedimos, não, imploramos... imploramos, não, suplicamos, sem rodeios, que nos enviem textos escritos de forma legível. Entretanto, continuam chegando — talvez tendo como modelo o Querido Sr. Thomas Mann — manuscritos entulhados de letrinhas miúdas, com borrões de tinta e um floreado caligráfico à guisa de assinatura. Ainda por cima, não podemos responder na mesma moeda, já que os mestres da arte da impressão ainda não inventaram caracteres tipográficos ilegíveis. Quando isso vier a acontecer, procederemos à avaliação.

Barbara D., Bytom
Nem só os manuscritos costumam ser ilegíveis, os escritos datilografados também. A senhora talvez tenha nos enviado a décima cópia de papel-carbono. Misericórdia! Não se encontram olhos à venda, nem pagando com moeda estrangeira. A princípio, pensamos que a senhora tivesse encartado no envelope um cardápio de restaurante, pois em nossos refeitórios as cópias legíveis costumam ir parar na contabilidade, e as piores, nas mãos trêmulas do cliente.

E. T., Lublin
Lemos e lemos, avançamos com dificuldade pelas paginazinhas cheias de manchas e rabiscos negros, e de repente um pensamento nos deslumbra: por que não poderíamos nos render à frustração? Outros podem e nós não? Por que temos de querer ler isso, se tudo indica que nem o autor se interessou em passar o texto a limpo? É claro que nós não temos de querer. E encontraríamos razões para

tanto: porque está chovendo, porque Gienia é uma idiota, porque sentimos fisgadas no joelho, porque Ivo viu a uva, porque os Kowalski é que vivem bem, porque ninguém chama a gente para atuar em filme algum, porque o tempo passa, porque está tudo um tédio e de qualquer maneira o fim do mundo vai chegar algum dia. Depois, de novo, nos inclinamos humildemente sobre o texto para, de alguma maneira, tentar lê-lo até o fim. Mas, realmente, não há nada para responder.

Kryst. J., Sędziszów
 Cara senhora, não compramos nem vendemos ideias. Tampouco intermediamos a compra e venda. Apenas uma vez, de boa vontade e de maneira inteiramente desinteressada, tentamos sugerir a um amigo uma ideia para um romance — sobre um comerciante que se explodia nos ares. Nosso conhecido, no entanto, considerou a ideia extravagante e declarou que com aquilo não se poderia fazer nada. Desde então desanimamos.

M. Z., Varsóvia
 A vida de um redator do «Correio» é cheia de surpresas. Exigem de nós coisas impossíveis. Por exemplo, somos por vezes solicitados a escrever uma carta (particular!) sobre o que e como se deve escrever a fim de que o texto seja publicado. Outros nos pedem para lhes enviar materiais para tarefas escolares, ou para redigir trabalhos acadêmicos. Outros ainda nos pedem uma lista completa de livros que devem ser lidos, como se o amadurecimento de um escritor não exigisse em absoluto autonomia a esse

respeito. O senhor completou amavelmente essa lista, sr. Marek, enviando-nos um punhado de poemas finlandeses (no original!), propondo-nos que escolhêssemos para publicação aqueles que quiséssemos. E quando já tivermos efetuado a escolha, o senhor promete que vai traduzi-los. Ora, na aparência, todos os poemas nos agradam muito: estão escritos num papel bonito, com caracteres claros e nítidos, boa impressão, os espaçamentos e as margens são regulares, apenas uma palavra riscada com caneta azul, o que não chega a desfigurar demasiadamente o poema e prova, aliás, que o autor verificou com zelo o texto datilografado.

Ata, Kalisz

Puseram-nos a devanear esses poeminhas graciosos e cheios de afetação cortesã. Se tivéssemos um castelo rodeado de terras, a senhorita exerceria o cargo de poetisa da corte, exaltaria o desgosto da pétala de rosa, na qual pousa uma mosquinha inoportuna, e nos teceria elogios por termos, com nossos dedos sutis, afugentado da encantadora flor aquela mondronga. É óbvio que o poeta que, naquela época, nos esfregasse na cara o envenenamento de seus doze tios com um ensopado ficaria preso no calabouço por ser uma nulidade. E o mais estranho de tudo é que o poeminha sobre a rosa até poderia ser uma obra-prima, enquanto o poema sobre os tios seria muito ruim... Sim, sim, as musas são amorais e cheias de caprichos. Às vezes favorecem as banalidades. No entanto, a condição é que o poeta fale a língua de sua época. Seus escritos, senhorita, são antiquados na forma e no âmbito das ideias. Isso é inusitado em se tratando de uma moça de dezenove anos. Não serão talvez estrofezinhas copiadas do caderno de recordações da bisavó?

Mars, Wieliczka

Conhecer-nos pessoalmente não é uma experiência demasiado exultante para ninguém. E quando se trata dos diletantes da escrita, nós os entediamos com perguntas estranhas. Por exemplo, se gostam de Fredro,[5] e, se sim ou se não, por quê. Depois, sem mais nem menos, perguntamos algum detalhe de *A peste*, de Camus, e um instante depois nos questionamos em voz alta: quem foi que escreveu aquela paródia sobre uma redação de jornal agrícola? E aí? Quem? Para alguns, essas são perguntas problemáticas.

Magro, Krynica

Meus caros, vocês exigem demais de nós. Os dois escrevem poemas e querem saber a todo custo qual de vocês escreve melhor. Preferimos não meter a mão nessa cumbuca, ainda mais que ficamos aterrorizados com essa frase na carta: «Muito depende disso...» A competição no casamento só termina bem em comédias cinematográficas. Ademais, vocês têm mais ou menos o mesmo estilo, ou seja, é difícil distinguir. Com esse veredito salomônico, adeptos que somos da paz doméstica, desejamos parar por aqui.

J. Szym., Łódź

Ora, ora. O senhor transcreveu cuidadosamente fragmentos de um conto de Jan Stoberski[6] e nos remeteu o texto

---

5   Aleksander Fredro (1793-1876): escritor de comédias e poeta polonês da época do romantismo.
6   Jan Stoberski (1906-1997): contista polonês que trabalhou no *Życie Literackie*.

com um pedido para publicá-lo como sua estreia literária. Mas isso ainda não é nada perto de certo titã do labor, morador de Gdańsk, que passou a limpo um capítulo de *A montanha mágica*, trocando os nomes das personagens para despistar. Foram quase trinta páginas. O senhor parece bem modesto com suas quatro folhas manuscritas. É preciso assentar o traseiro e pôr-se a trabalhar. Recomendamos primeiramente *A comédia humana*. Não é nada mau e é grande.

Wł. P., Gdynia

Mais de uma vez enfatizamos a importância que damos às cartas. Grande parte dos autores exige uma avaliação enviando uma única frase que soa formal, aparentemente considerando que os textos deveriam falar por si mesmos, sem esclarecimentos adicionais. Não sabemos nada: nem a idade do autor, nem sua escolaridade, nem a profissão, nem as leituras favoritas e nem as demandas que estabeleceram para si próprios. No seu caso, não sabemos nem mesmo se o senhor nos envia suas primeiras tentativas ou se são contos escolhidos entre outros duzentos. Para o avaliador, isso faz uma enorme diferença. Uma coisa é consertar os erros de um dançarino que, pela primeira vez, tira a literatura para dançar um tango inebriante. Outra, no entanto, é quando o dançarino vem pisando nos pés de sua parceira de dança já há alguns anos. Pedimos, então, algumas informações adicionais.

IL C., Słupsk

Dessa vez, outro tipo de carta. Essa também é curta e tampouco traz alguma informação explícita. Apesar disso, contra a vontade do autor, é muito expressiva. Trata-se, como o leitor já pode adivinhar, dessas cartas desmazeladas, cheias de garranchos (na maioria das vezes com erros) num pedaço de papel surrado. Já à primeira vista, a carta é tão horrorosa que desestimula uma segunda leitura. Ela demonstra um parco desenvolvimento da sensibilidade estética e a atitude leviana do autor em relação a seu trabalho. Ainda não aconteceu nenhum caso — e já tocamos este «Correio» há muitos anos — em que textos dignos de atenção estivessem anexados a uma carta como essa. Nunca. Com a consciência tranquila, poderíamos nos contentar todas as vezes apenas com a leitura do infeliz cartão de visita.

T. Z., Jelenia Góra

Sua carta, senhor, representa uma terceira categoria de cartas, que também suscita muitas objeções. «A minha?», o senhor há de perguntar. «Mas afinal eu escrevi uma carta de algumas folhas! A aparência também me parecia muito boa, eu acho. Honestamente, não sei o que vocês querem mais.» A carta realmente é longa e cuidadosamente escrita, só que não diz absolutamente nada. Ao longo de três páginas e meia o autor nos confidencia que decidiu nos escrever, mas que, a princípio, não queria, mas depois se decidiu, porque já que escreveu, deveria saber o que foi escrito, mas a pessoa mesma não sabe, então, é preciso mostrar a alguém, embora num primeiro momento a pessoa sinta resistência e hesitação, enviar ou não enviar, mas por fim a pessoa envia, porque tem vezes que gosta do que escreveu, mas tem vezes que definitivamente não gosta... ou seja, nada mais resta que confiar no julgamento de alguém, que não foi quem escreveu, para que esse alguém escreva se valeu a pena escrever, se valeu a pena enviar ou se não valeu etc. etc. Uma carta desse tipo é um mau presságio para os textos. Vê-se logo que o autor não tem noção de forma, que considera que, quanto mais palavras, mais elas impressionarão. No fundo, o que lhe falta é energia e imaginação. Em 95% dos casos, o nosso diagnóstico se confirma: os escritos anexados à carta mostram essas mesmas imperfeições. Mesmo assim os lemos com atenção, porque esses 5% não deixam de ser uma esperança. Em todo caso, com essas palavras desejamos finalizar a resenha de hoje.

J. G., Szczecin, A. Z., Łódź, H. K., distrito de Gniezno

Ah, primavera, primavera! Moçoilas cruéis abandonam uns poetas por outros, o que resulta num afluxo duplicado de poemas cheios de: a) remorsos: «Você me teceu muitos elogios, mesmo eu tendo grandes desvios»; b) determinação: «Mas o esforço do mundo é baldado, ninguém arrancará você do meu lado»; c) amarguras: «Triste, não estavas comigo, quando me puseram no jazigo, mas em alma eu *ti* acompanhava, porém no céu eu pensava»; d) promessas precipitadas: «Nunca vou permitir, é certo, que o destino te leve pro deserto», ou e) incentivos amáveis: «E quando enfim eu for seu, você se banhará no olho meu»... Tudo isso é humano e de certa forma cativante, mas não é estranho que a cada nova primavera desperte em nossas almas redatoriais um sentimento de angústia difícil de definir?

WŁ T-K., Poronin

«Peço desculpas antecipadamente pelos erros ortográficos. O motivo é que, quando fui passar a limpo, estava com muita pressa...» Isso é surpreendente! Até agora pensávamos que a pressa influenciasse apenas na legibilidade da letra. Além disso, é de senso comum que «xícara» se escreve mais rápido que «chícara», e «recitar», mais rápido que «ressitar»... Além do mais, para que tanta pressa? Em primeiro lugar, o fim do mundo só acontecerá em meados de fevereiro. Em segundo lugar, não se sabe se o fim do mundo vai afetar o «Correio Literário». Em terceiro lugar, os poemas apresentam, por enquanto, o caráter de anotações soltas, com as quais, apenas mediante uma imaginação propícia, um poema poderia ser composto. Enviamos nossas saudações.

OL, Kraków

Se o senhor não tem coragem de vir até nós para conversar sobre os poemas enviados, então o senhor pode vir sem coragem mesmo. Temos um grande coração para os tímidos. Em regra, os tímidos são mais exigentes consigo mesmos, são mais perseverantes e pensam com mais intensidade. Essas características por si sós ainda não significam nada, mas no caso da existência de predisposições inatas prestam-lhes serviços inestimáveis, pois simplesmente as transformam em talento. Para essa visita, não precisa mandar fazer um fraque — nada disso! Afinal, nós trabalhamos na parte da manhã!

Kajka, Radom

O redator do «Correio» sente com grande intensidade a inimizade que alimentam por ele alguns correspondentes avaliados negativamente. Por isso, a proposta de casamento que recebeu, expressa na cartinha em versos, é um grande consolo para ele dar continuidade a seu trabalho. Existe apenas um único inconveniente, que poderíamos chamar de psicológico. Para ele, a pessoa ideal para morar em sua casa é aquela que não escreve nenhum poema — mesmo que seja feia, tapada e soturna. E até hoje anda solteiro, porque não consegue encontrar ninguém assim.

P.Z.D., Chorzów
 «Ou vocês me dão alguma esperança de ser publicado, ou pelo menos me consolem...» Depois da leitura de seu texto, temos de escolher a segunda opção. E, portanto, atenção! Estamos consolando. Um destino maravilhoso espera pelo senhor, o destino de leitor, e de leitor da melhor espécie, pois desprendido; o destino de um amante da literatura, um amante que será sempre a parte mais forte do casal, ou seja, não aquele que precisa conquistar, mas o que é conquistado. O senhor lerá as coisas mais diversas pelo puro prazer de ler. Sem se ater a «artifícios», sem ter de ficar pensando se isso ou aquilo poderia ter sido escrito de uma forma melhor ou de uma forma tão boa quanto essa, só que diferente. Sem a inveja, sem os estados depressivos ou os ataques de ceticismo que acompanham os leitores que também escrevem. Dante será Dante para o senhor, quer ele tenha tido ou não uma tia na editora. De noite, o senhor não será torturado pela pergunta: por que o fulano que não rima foi publicado e eu, que rimei tudinho, tudinho, e contei as sílabas nos dedos, não tenho nem uma palavrinha de resposta? O senhor não vai ser nem um pouco afetado pela carranca do editor, tampouco, ou bem pouco, pelas caramunhas das pessoas das diversas «etapas editoriais». E ainda há mais uma grande vantagem, porque é frequente

dizer «um escritor fracassado», mas nunca se diz «um leitor fracassado». É verdade, existem legiões de leitores fracassados — naturalmente não vemos o senhor nesse grupo —, mas, de alguma maneira, eles conseguem se sair bem dessa, ao passo que se alguém escreve e não se sai muito bem, então todos em volta logo começam a suspirar e fazer caretas. Neste caso, não se pode contar muito nem com a própria namorada. E aí? O senhor se sentiu como um rei? Esperamos que sim.

Łubin

Como se tornar um literato? O senhor nos faz uma pergunta problemática. Exatamente como o menino que perguntou como são feitos os bebês e, quando a mãe lhe disse que depois explicaria, porque naquele momento estava muito ocupada, ele insistiu: «Então me explique pelo menos como se faz a cabeça»... Pois bem, nós também vamos tentar explicar pelo menos a cabeça: é preciso ter um pouco de talento.

Marlon, Bochnia

Nem todo aquele que sabe desenhar um gato sentado, uma casinha com fumaça na chaminé ou um rosto feito de um círculo, duas linhas e dois pontos será no futuro um grande pintor. Por enquanto, querido Marlon, seus poemas estão justamente no estágio desses desenhos. Continue a escrever, pense sobre a poesia, escreva poesia, mas também pense em ter um ofício prático, sem depender da proteção das musas. Elas, como se sabe, são histéricas, e com as histéricas não se pode contar.

H. W., Varsóvia
Tirar da cabeça de seu filho a ideia de escrever? De modo algum. Em primeiro lugar, daqui a alguns anos a situação vai se esclarecer por si mesma e, segundo, o rapaz se diverte tanto com seus versos que, no momento, ele rejeitaria com desprezo outras propostas de diversão. Entretanto, não somos favoráveis a que a leitora lhe sugira leituras apropriadas. Tal procedimento teria sentido se o jovem não revelasse nenhum interesse pelas humanidades e tivesse intenção de se tornar um técnico mentecapto. De forma alguma existe tal ameaça no ar. Deixe que ele mesmo procure os livros (de qualquer maneira, ele já faz isso), deixe que ele mesmo aprenda a escolher, e se ele buscar um livro muito difícil para a idade dele, por favor, não se preocupe, apenas leia-o furtivamente também, para estar preparada para a conversa. Porque é necessário conversar sobre os livros.

Z. Z., Łódź
O senhor tomou nossa resposta como uma ofensa pessoal. Na verdade, sem razão! Quando dissemos que lhe falta imaginação — tão necessária, afinal, à poesia —, não pusemos em dúvida nem suas virtudes (de coração e caráter), nem as qualificações nas funções que o senhor exerce, nem seus horizontes intelectuais, tampouco seus modos ou masculinidade. Numa palavra, não ultrapassamos em nada nossos estreitos privilégios redatoriais. Por acaso é uma afronta dizer a um homem louro que seus cabelos não são castanhos, se, além disso, ele mesmo fez a pergunta? Ainda persiste a ideia romântica de que ser poeta é a maior glória e honra, enquanto a maior glória e honra é fazer com excelência aquilo que se sabe fazer. Nossos melhores cumprimentos.

Nowogard

Os estudos de filologia polonesa preparam, antes de tudo, para a profissão de professor, mas não ensinam a escrever bons poemas. Nenhuma palestra, por mais que prestemos atenção a ela, pode criar o talento. No máximo pode ajudá-lo, se ele já existe. A senhorita escreveu um poeminha agradável, o que acontece sem esforço para uma pessoa que se apaixona pela primeira vez na vida. Todos os apaixonados demonstram algum talentinho efêmero, só que, infelizmente, é raro, muito raro, que ele resista ao teste da suspensão do sentimento amoroso. Ewa, melhor estudar química.

W-icz, Lublin

Às vezes o destino concede exatamente aquele tanto de talento suficiente para escrever lindas cartas. Mas que pena! Hoje já não se escrevem mais cartas, falamos com os amigos pelo telefone e até a conversa social deixou de ser a arte de trocar pontos de vista. Como resultado, esse pequeno porém valioso talentozinho não encontra uma saída adequada. Quer dizer, encontra, mas uma saída falsa: nas tentativas persistentes de fazer poesia e prosa, na ilusão de que tudo o que pode interessar a uma pessoa próxima vai automaticamente interessar a uma legião de leitores. Nosso conselho é antiquado: que o senhor procure um correspondente amistoso com o qual possa conversar sobre assuntos mais variados. Quem é que pode jurar que o costume de escrever extensas cartas não vai voltar? Aí o senhor estará na vanguarda.

B. K., Goleniów

«A Via Láctea, pelo meio do céu,/ Misteriosa, um pouco pesarosa,/ Se estende como delicado véu...» Difícil acreditar que a senhorita já tenha dezoito anos, mais parece ter apenas doze e ainda não teve tempo de ler nem mesmo o mais modesto dos livrinhos de divulgação científica sobre as estrelas. Provavelmente essa leitura seria o bastante para que o poema subitamente lhe parecesse muito infantil, e o véu com o qual a senhorita comparou a Via Láctea lhe parecesse ter sido tirado com negligência da cômoda da bisavó. Porém se a senhorita tem de fato dezoito anos, então é melhor que outros escrevam poemas. E, ademais, não há por que invejá--los, pois é um ganha-pão muito penoso.

M. D.

Provavelmente já o autor teve a oportunidade de declamar essas riminhas simpáticas em alguma cerimônia local; é claro que só depois da parte oficial, depois dos grandes discursos e da *Polonaise* de Chopin executada por uma menininha rechonchuda com um laçarote cor-de-rosa. O público se ajeita nas cadeiras, não sabe o que vem depois, será que já está na hora do bufê? E aí, de repente, esses versos sobre nossa cidadezinha! O autor menciona o nome de cada um, e que educação, que amabilidade! Explodem risos e aplausos. Somente depois é que chega o mau momento. Alguém diz ao autor: «O senhor deveria mandar para alguma publicação, seria uma pena que se desperdiçasse». Ai, ai, ai, esse não é um conselho prudente. Afinal, a adulação não se desperdiçou de forma alguma, deu prazer a todos os interessados e, portanto, atingiu plenamente seu objetivo. O desperdício se dará apenas numa sala de redação, onde começarão a avaliá-la com parâmetros literários. E dirão que isso não é poesia e vão causar ao autor um desgosto imenso. O que poderia ter sido evitado.

W. K., Lublin

Por enquanto suas observações têm caráter puramente particular — dizem respeito a pessoas e ambientes delineados de forma tão nebulosa e fragmentada que não conseguiriam prender a atenção do leitor. Aliás, não entendemos bem por que na carta para a redação o senhor fala em «mania de escrever», como se fosse uma doença vergonhosa que é preciso forçosamente curar o mais rápido possível. Não há nada de anormal na necessidade de anotar seus pensamentos e vivências; pelo contrário, é uma manifestação natural da cultura literária pessoal, o que se aplica, afinal, não só aos escritores, mas, em geral, a todas as pessoas cultas! Quando lemos publicações de antigos cadernos de memórias ou cartas, ficamos admirados com o brilho da excelente forma literária dessas confissões — escritas com frequência por pessoas que não eram literatas nem tencionavam ser... Hoje, basta a pessoa escrever algumas paginazinhas e ela já se pergunta quanto vale aquilo, já lhe atormentam pensamentos sobre a publicação e ela deseja saber se vale a pena «perder seu tempo»... É triste que cada frase formulada de maneira mais ou menos graciosa deva imediatamente valer a pena. E se for valer a pena só daqui a dez ou vinte anos? Ou se nunca chegar a valer a pena no sentido público, mas, em vez disso, ajudar o escritor nos momentos mais difíceis e enriquecer sua própria individualidade? Isso não serve de nada?

Halina W., Białystok

Vamos dizer logo uma coisa que vai deixá-la muito chocada: a senhora é uma pessoa por demais ingênua e singela para escrever bem. No âmago de um escritor talentoso remoinham diversos demônios. E mesmo que estejam adormecidos antes e depois de escrever (se é que deveriam estar adormecidos), durante a escrita eles atuam com vivacidade. Sem a ajuda deles, o escritor não poderia se identificar com todas as vivências complicadas de suas personagens. «Nada que é humano me é estranho» — oh!, essa sentença não pode ser aplicada às biografias de santos bem-comportados. Nossos cordiais cumprimentos.

Rom. L., Zakopane
O senhor usou um pseudônimo tão feio que estamos respondendo com suas iniciais. Nos poemas também não vemos nenhuma inibição no que diz respeito ao vocabulário. Nós, os redatores do «Correio», às vezes adotamos a identidade de uma delicada mulher. Nessas ocasiões, isso nos causa certo embaraço. Mas vamos ao assunto! As cercas de madeira estão sendo, cada vez mais, substituídas por aramados. Como resultado dessas melhorias da civilização (tão apropriadas!), certo tipo de poesia perde seu próprio terreno de influência nos amplos círculos da sociedade. Nós nos solidarizamos sinceramente com o senhor. O senhor é sem dúvida uma vítima inocente do progresso.

H. C., Cracóvia
A falta de talento literário não é nenhuma desonra. Acontece a muitas pessoas sábias, esclarecidas, de caráter nobre e também extremamente talentosas em outras áreas. Quando escrevemos que um texto é ruim, não temos a intenção de ofender ninguém, nem de lhe tirar a fé no propósito da existência. Entretanto, de fato, nem sempre expressamos nossa opinião com cortesia chinesa. Ah, os chineses! Outrora,

ainda antes da Revolução Cultural, eles sabiam responder aos poetas não muito afortunados! Respondiam mais ou menos assim: «Seus poemas superam tudo o que já foi escrito até agora e tudo o que ainda há de ser escrito. Se fossem publicados, sob sua luz deslumbrante empalideceria toda a literatura, e os outros autores que a cultivam sentiriam dolorosamente sua própria nulidade...»

J. W., Varsóvia

Ficamos terrivelmente preocupados quando um autor iniciante, que publicou seu primeiro poema em alguma revista, abandona os estudos universitários recém-iniciados e decide que, de agora em diante, vai viver «de» e «para» a poesia. Na maioria das vezes, o resultado é que ele irremediavelmente perde um ano e os poemas seguintes permanecem por meses nas redações esperando — na melhor das hipóteses — a sua vez na fila das publicações semanais. Nós o aconselhamos paternalmente a ter cautela, especialmente porque, por enquanto, os poemas são apenas corretos e, como se sabe, de tais criações literárias o inferno dos poetas está forrado. Ademais, vai largar o quê? Medicina? A profissão que Friedrich Schiller aprendeu?

Buscador, Kudowa

Não, não temos manuais para escrever romances. Provavelmente nos Estados Unidos se publiquem coisas assim, mas ousamos duvidar de seu valor, e a razão disso é que o autor que conhecesse uma receita infalível para o sucesso literário preferiria usufruí-la sozinho a ganhar a vida escrevendo manuais. Simples, não? Simples.

Waldemar, Cracóvia
　　É claro, é possível também, de repente, começar a escrever depois dos quarenta. Não é de forma alguma tarde demais, só que outras normas regulam um começo assim maduro. O que decide o sucesso da estreia do jovem é, antes de tudo, o frescor da imaginação e a visão não rotineira do mundo. Costuma haver mais impressões que reflexões e mais observações casuais que aquelas selecionadas de acordo com a noção que pouco a pouco concebemos sobre a vida. Entretanto, da estreia tardia exigimos valores adicionais: uma quantidade decente de experiência de vida e, no caso de não se tratar de textos documentais ou de memórias, o gosto artístico conscientemente moldado. Resumindo, quando se tem quarenta anos, não se pode escrever como se tivesse dezessete, porque então já não há tempo e possibilidades psíquicas para alcançar algo mais.

U. T., Cracóvia
　　O jovem músico frequenta o conservatório, o jovem pintor, a academia de belas-artes, mas o jovem escritor, lugar nenhum, o que o senhor considera uma injustiça. Que nada! As escolas para músicos e pintores fornecem acima de tudo o conhecimento técnico difícil de dominar num tempo relativamente curto e sem ajuda. No entanto, o que teria um escritor a aprender na escola? Para tocar violino é preciso um aprendizado especial; para saber passar a caneta pelo papel, basta ir para a escola regular. A literatura não tem nenhum segredo técnico, ou, pelo menos, não tem segredos que não possam ser penetrados por um leigo talentoso (porque, para um parvo, nem o diploma vai ajudar). É a disciplina menos profissional de todas as disciplinas da atividade artística.

Pode-se tornar um escritor com vinte ou com setenta anos. Sendo autodidata ou professor universitário. Sem completar o ensino médio (como Thomas Mann) ou sendo doutor *honoris causa* de muitas universidades (como ele também). O caminho para o Parnaso está aberto a todos — aparentemente, é claro, porque no fundo são os genes que decidem.

Eug. Ł., Inowrocław

De novo o argumento da «juventude». Dessa vez teremos de perdoar o autor, porque ele ainda não viajou para lugar nenhum, não teve tempo de vivenciar nada interessante nem leu tudo o que precisa ler. Emana dessas confissões a crença (escolar, por isso um tanto simplista) de que o escritor é inteiramente formado pelas circunstâncias externas; de que sua qualidade criativa depende diretamente da quantidade de experiências de vida. Entretanto, o escritor se forma a partir do seu interior, em seu próprio coração e cabeça: graças a uma inata (inata, enfatizamos!) inclinação para a introspecção, para vivenciar sensivelmente mesmo as coisas pequeninas, para se admirar até com aquilo que os outros consideram comum demais. Viagens para o exterior? Desejamos de coração que você viaje, isso às vezes é útil. Mas, antes de ir a Capri, aconselhamos uma visita a qualquer vilarejo polonês. Se voltar de lá sem nenhuma impressão que valha a pena ser anotada, então as grutas azuis também não vão lhe ajudar muito.

Tede., Chełm, Lublin

É certo que o verdadeiro talento requer, especialmente no princípio, conselhos e instruções. Mas esse conhecimento deve chegar de forma fácil, como por acaso. O discernimento correto do que é artisticamente melhor e pior, do que é importante e menos importante, do que deu certo e do que não deu, e por que não deu, não é apenas uma questão de leitura e conhecimento dos «ismos», mas — antes de tudo, até — de instinto inato. Podemos falar assim porque não foram poucas as observações que fizemos nessa área. Para certo poeta iniciante, bastam duas palavras sobre uma metáfora falha e ele não comete o mesmo erro uma segunda vez. Para outro, uma conversa que dure um turno de oito horas não vai dar em nada. Afirmamos também que aquele instinto inato impelirá o estreante para junto de pessoas que sabem mais que ele, que o superam em experiência, sensibilidade e cultura. Em qualquer meio social é possível essa escolha entre as pessoas. Ainda há tempo para impressionar os outros. Não queremos persuadi-lo a romper com suas amizades atuais, apenas duvidamos que elas lhe bastem. Percebemos em sua carta que o coração já está ocupado, mas a cabeça segue disponível.

W. J., Cracóvia

O Janko Muzykant[7] dos dias de hoje escuta atentamente, com o nariz achatado na vidraça, a performance da banda The Anormals... A ideia é engraçada, embora não executada com a sutileza que uma paródia deve ter. Se você tem dezoito anos, pedimos que mostre novas tentativas daqui

---

7 *Janko Muzykant* [Janko, o músico]: novela de Henryk Sienkiewicz (1846-1916), escritor polonês ganhador do Prêmio Nobel de Literatura de 1905, que conta a triste história de um pobre menino camponês que tinha muito talento para a música e era apaixonado pelo som do violino.

a um ano. Se tem vinte e cinco, pedimos enviar com rapidez aqueles melhores contos que você, não se sabe por quê, esconde na gaveta. Se já tem trinta, então desejamos que se divirta com seus amigos.

Z. H., Szczecin

O senhor gosta do conceito de «homem comum». Todas as personagens dos contos enviados são exatamente assim: incolores, medíocres, sem personalidade. Isso nos preocupa, porque na literatura não há lugar para protagonistas assim. As pessoas parecem todas iguais apenas de longe. O escritor, no entanto, deve observá-las de perto. «Deve» não é, afinal, uma palavra adequada, porque ninguém o obriga a isso, é simplesmente uma questão de instinto literário. Não temos como sentir alguma empatia especial pelo Manuel, que, indo de mesinha em mesinha, diz sombriamente que «nada tem sentido», já que não sabemos o que o levou àquela conclusão categórica. A namorada o deixou sem nenhuma razão? Ah, mas ela tinha razão: tedioso e seboso.

Ula, Sopot

A definição de poesia numa só frase? Caramba! Conhecemos pelo menos umas quinhentas, mas nenhuma nos parece suficientemente precisa e abrangente. Cada uma expressa o gosto de sua época, e nosso ceticismo inato nos impede de tentar defini-la novamente. Mas guardamos na memória um belo aforismo de Carl Sandburg: «A poesia é um diário escrito por um animal marinho que vive na terra e gostaria de voar». Serve essa, por enquanto?

Ir. Przyb., Gdańsk

Não tente ser poético a qualquer preço; a poeticidade é chata, porque é sempre secundária. A poesia, como, aliás, toda a literatura, retira suas forças vitais do mundo em que vivemos, das vivências realmente vividas, das experiências realmente sofridas e dos pensamentos que nós mesmos pensamos. É preciso descrever o mundo continuamente, porque, afinal, ele não é o mesmo de tempos atrás, nem que seja pelo fato de que não estávamos nele antes. Esse seu *O canto da ventania* talvez pudesse ter sido escrito por Tetmajer.[8] Mas você tem vinte e quatro anos e trinta milhões de compatriotas esperam, prendendo a respiração, aquilo que você vai lhes contar por si mesmo.

Pal-Zet, Skarżysko-Kam

Pela leitura dos poemas enviados, conclui-se que o senhor não percebe a diferença essencial que existe entre poesia e prosa. O poema *Aqui*, por exemplo, é uma simples descrição prosaica de um quarto e dos móveis que estão nele. Na prosa, tal descrição tem uma função precisamente definida: demarca o pano de fundo no qual a ação vai se desenrolar. Daqui a pouco uma porta se abre, alguém entra e algo começa a acontecer. Na poesia, o que deve «acontecer» é a descrição em si. Tudo se torna importante e significativo: a escolha das imagens, seu arranjo e a forma que elas adotam em palavras. A descrição de um simples quarto precisa se tornar gradativamente a nossos olhos a descoberta de um quarto, e a emoção dessa descoberta deveria nos contagiar.

---

8   Kazimierz Przerwa-Tetmajer (1865-1940): poeta e escritor polonês representante do modernismo.

Do contrário, não importa quão meticulosamente o autor tenha dividido as frases em versos, a prosa continuará sendo prosa. E, o que é pior, sem uma continuação.

Grażyna, Starachowice

O conceito que a senhora tem da poesia é que ela é a própria sublimidade, o absoluto, a eternidade, o suspiro e o gemido, e numa densidade que não encontramos nem nos álbuns de recordações das senhoritas do início do século. Não se pode conquistar o leitor de hoje com essa grandiloquência. E tem mais! Ao ouvir um verso desses, até a pessoa mais próxima e confiável vai olhar o interlocutor apavorada e depois, sem mais nem menos, se lembrará que tem algo extremamente urgente para resolver na cidade. E então? Vamos desprender as asas e tentar escrever com os pés no chão?

Zb. — P., Lublin

A poesia sempre exagera um pouquinho, mas é preciso reconhecer que, hoje em dia, ela exagera menos que em qualquer outra época. É inconcebível em nossos tempos a ideia de J. A. Morsztyn,[9] que, no soneto *Remadores das galés*, comparou suas aflições amorosas ao sofrimento do escravo acorrentado à galé, concluindo sem o menor pudor que para os remadores era mais fácil viver neste mundo, apesar de tudo. O soneto é escrito com verve, mas talvez ninguém tenha acreditado na dor do poeta. Daí a lição: se quisermos que

---

9   Jan Andrzej Morsztyn (1621-93): poeta polonês, político e membro da nobreza latifundiária.

acreditem em nós, sejamos comedidos. «Choro por você lágrimas de sangue...» Tenha dó, sr. Zbigniew!

P. G., região de Katowice

Não somos maximalistas, não esperamos que as leituras diárias causem grande abalo espiritual. Esse tipo de emoção ocorre muito raramente, e, quando ocorre, deve ser considerada uma dádiva, não uma obrigação do destino. No dia a dia, está de bom tamanho se uma leitura nos mostra o mundo sob uma luz diferente daquela da nossa sensibilidade e, ao menos por um instante, ela inquieta, surpreende e deleita. Nem todos os poemas podem ser tão arrebatadores como outrora foi *Ode à juventude*,[10] mas todos precisam ser uma surpresa. Os termos «correto», «comum» e «trivial» imediatamente o desqualificam. Com os exemplos que enviou, o senhor demonstrou que consegue escrever sobre tudo que seja considerado poético, mantendo em cada tema o mesmo equilíbrio do espírito — uma virtude inestimável no dia a dia, especialmente quando estamos resolvendo algo nas repartições públicas, porém menos essencial na poesia, pois essa nunca se manifesta diariamente, somente em ocasiões especiais, é fruto de um estado excepcional, é um feliz acaso. Mesmo os poetas com grande bagagem literária não têm o «costume» de escrever poemas. A menos que não sejam mais poetas.

---

10 No original, *Oda do młodości*: poema escrito em 1820 por Adam Mickiewicz (1798-1855), considerado o maior poeta do romantismo polonês.

L.P., Kutno

Seria maravilhoso e justo se a força dos sentimentos decidisse por si só sobre o valor artístico de um poema. Com certeza, aconteceria então que Petrarca seria um zero à esquerda se comparado ao jovem de sobrenome — por exemplo — Bombini, pois Bombini realmente enlouqueceu de amor, enquanto Petrarca conseguiu manter-se num estado de nervos tal que lhe permitiu inventar lindas metáforas.

Kallszanin, Kalisz

Como se pode concluir da leitura, o senhor só pega a caneta com disposição lúgubre. «Amargura», «vazio», «alma dilacerada», «sofrimento sem limites» e «o nada» — essas palavras se repetem o tempo todo. As datas abaixo dos poemas comprovam que entre um e outro transcorre às vezes bastante tempo. Talvez estejamos enganados (neste caso, pedimos que nos perdoe a indelicadeza), mas será que não existem por acaso períodos felizes, durante os quais tudo se arranja da melhor forma? Se sim, por que o senhor não deseja preservar também esses momentos nos poemas? E será que, por acaso, a monotonia dos textos enviados não resulta de uma falsa convicção de que os soluços são a única atividade que cabe a um verdadeiro poeta? De que vate o senhor segue os passos? Porque provavelmente não é daquele que, tendo mais de uma vez descrito o inferno, também sabia fazer justiça a um bom ensopado.

Ary, Szczecin

«Deixem de lado a realidade e nunca farão um quadro equivocado», disse o famoso escultor Alberto Giacometti.

Esse pensamento de alto quilate também pode ser aplicado à literatura: deixem de lado a realidade e nunca farão um poema equivocado... É claro, porque equivocado só pode ser aquilo que pode ser observado numa escala comparativa. Num mundo de absoluta arbitrariedade, isso não é possível. Se os poemas carecem de quaisquer pontos de referência com a realidade, se o autor desiste intencionalmente da ambição de expressar sua relação com o mundo e consigo mesmo, será possível encontrar critérios que permitam determinar que isso é bom, isso é pior e isso é ruim? Seus poemas são quebra-cabeças de palavras nos quais o único mistério e estranheza é o acaso. Não descobrimos nenhuma regra de associação, nenhuma tentativa de construção de uma imagem coerente. Sem mencionar o sentido: «Afundo nos açúcares desse mundo daninho, como o corpo desperto pelo córtex do estorninho»... Por favor, senhor!...

G. A., Szczyrk

Lamentamos que a senhora, uma leitora de muitos anos do nosso humilde «Correio», nos compreenda tão pouco. Nunca tivemos nada contra os versos rimados e nunca, jamais jogamos no lixo obras poéticas só porque rimam «montanhês» com «cortês». Nós só jogamos no lixo quando o tal montanhês, aliás, personagem pitoresca e cheia de sotaque vivendo no cenário das montanhas da região de Podhale, é entranhado à força no poema de uma forma não justificada pela lógica da imagem poética. É tão difícil rimar quanto não rimar — como diria Sęp-Szarzyński.[11]

---

11 Mikołaj Sęp Szarzyński (1550-81): poeta polonês da Renascença tardia.

A. O. K.

Em todos os poetas existe a tentação de querer dizer tudo num só poema. No entanto, alertamos sobre dois caminhos que infalivelmente levam ao fiasco artístico. O primeiro é a enumeração de mil coisas no poema, para que nele caiba o maior número possível de elementos de uma só vez. O segundo é fazer malabarismos no poema com algumas ideias que supostamente têm uma capacidade conceitual maior (para lhes conceder essa posição mais elevada, o senhor as escreve com letra maiúscula), e assim: Amor, Vida, Morte etc. Em ambos os casos, o sonhado «tudo» permanece indomado e leva uma vida libertina além dos limites do poema.

B. L., voivodia de Wrocław

O medo de proferir uma frase inequívoca, as tentativas constantes de metaforizar tudo escrupulosamente e a preocupação incessante, não tanto com a clareza e a força expressivas quanto a respeito de estar sendo ou não suficientemente poeta em cada verso — eis as típicas neuroses de quase todo vate principiante. São curáveis, se o poeta se conscientiza delas a tempo. Seus poemas, por enquanto, são semelhantes às traduções laboriosas de uma língua simples para uma complexa — tanto que dá até vontade de lhe solicitar o envio dos originais nos quais se baseou esse trabalho estéril. Mas ao mesmo tempo pedimos que acredite em nós: é melhor uma única metáfora ligada organicamente à ideia original do poema do que mil e quinhentas nele bordadas *ex post*. Pedimos que nos envie algo novo daqui a alguns meses.

Heliodor, Przemyśl

O senhor escreve: «Sei que alguns trechos dos poemas são fracos, mas o que fazer? Não vou consertar mais». E por que isso, Heliodor? Será porque a poesia é uma coisa sagrada demais? Ou talvez porque seja banal demais? Os dois modos de tratar a poesia estão errados, e o que é pior: liberam os poetas iniciantes da obrigação de trabalhar o poema. É legal e prazeroso dizer aos amigos que na sexta-feira, às 00:45, o espírito de vate encarnou em nós e começou a nos sussurrar no ouvido coisas misteriosas e com tal entusiasmo que mal dava tempo de anotar o que ele dizia. Mesmo os grandes poetas gostavam de contar historinhas assim a um grupo de amigos estupefatos. Mas em casa, às escondidas, eles corrigiam, apagavam e refaziam laboriosamente esses ditados do além. Espíritos? Que seja, mas a poesia também tem seus aspectos prosaicos.

Alcybiades, Żywiec

O poema cautelosamente dotado de três asteriscos começa assim: «Me tiraram a casa/ o abrigo para o medo/ Tiraram o ar/ tiraram o mofo das alcovas...» Uma coisa é certa: alguém aqui está se lamentando, mas, até o fim do poema, não se esclarece quem. A alcova nos faz pensar em acontecimentos antigos. Quais? Aliás, pode ser que a coisa esteja acontecendo hoje em dia, só que num edifício antigo. Um mistério. E quem são esses vilões? Tiraram a casa! Tiraram o ar! Se tiraram o ar, isso significa que sufocaram. Mas, de um só golpe, tiraram também o mofo, o que, afinal, merece algum elogio. Com que objetivo fizeram uma coisa e outra ao mesmo tempo? Quatro versos e cem dúvidas. Cem? Nem uma sequer. O próprio autor simplesmente não sabia o que estava escrevendo. Não é o primeiro e nem o último. Enquanto isso, a vida vai passando.

R. B., Lanckorona

No poema *Crepúsculo*, o coração é comparado a um filhotinho de pássaro. Suponhamos então que seja semelhante a um filhotinho de pássaro. Mas um instante depois o coração já aparece num papel diferente, é uma boia de pesca que tremula na «superfície do silêncio». E isso ainda não é tudo. No verso seguinte, o coração foi chamado de sino que convoca «os pensamentos extraviados». Entre as comparações que vão se sobrepondo, o senhor não faz nenhuma escolha, qualquer uma é boa, desde que seja «muito poética». A comparação serve para enfatizar e precisar a descrição. Se ela não cumpre essa função, é uma comparação ruim e desnecessária. O que restará desse poema, em que tudo é comparado a tudo, sem cuidar da uniformidade das imagens e de suas relações mútuas?

Tad. G., Varsóvia

Trabalhando num campo completamente alheio à cultura e estando, como o senhor mesmo diz, «na segunda metade da vida», o senhor pega a caneta para escrever um poema, no qual expressa vários pensamentos belos em forma de aforismos. A poesia é para o senhor a terra do repouso depois das dificuldades diárias, a terra na qual é possível se esquecer por um instante de muitos assuntos cotidianos. Dessa forma, surgem estrofes de uma graça um tanto ingênua e infantil, que, todavia, parecem estar fora de um tempo determinado e da personalidade do autor. Os poetas «de nascimento» agem de forma completamente oposta: a poesia não é para eles uma recreação e uma fuga da vida, mas a própria vida. Por isso tentam expressar nela tudo aquilo que o senhor põe de lado: as experiências, as inquietações, os ressentimentos, as perguntas que uma pessoa madura faz a si mesma. Para isso, nem sempre lhes bastam os moldezinhos poéticos, e seus aforismos raramente são tão ingênuos. Eles não fingem ser mais jovens do que são, nem conhecer menos o mundo do que realmente conhecem. Vai ser difícil para o senhor fazer concorrência a esses especialistas líricos. Provavelmente da mesma forma que seria difícil para eles iniciar-se no trabalho complicado que o senhor executa.

Benigna K., Gdańsk

O poeta lírico escreve predominantemente sobre si mesmo. Se os poemas são ou não atraentes para outras pessoas, isso vai depender da personalidade do autor e da amplitude de seu mundo. No seu caso, essa amplitude está reduzida. Sua imaginação não consegue dar um pulo até outro tempo e espaço. O que foi que Tuwim[12] escreveu? «Daqui não se vê, é claro,/ e não se ouve, é normal,/ como o astuto tigre, a furto,/ se arrasta pela mata tropical...» Não vale a pena continuar escrevendo se de tempos em tempos não vem um pensamento sobre esse tigre. E outros pensamentos igualmente estranhos, aparentemente não conectados com a nossa experiência de vida.

---

12 Julian Tuwim (1894-1953): eminente poeta e escritor polonês de origem judaica, muito conhecido também por sua admirável contribuição para a literatura infantil.

Miodnica
Os poemas são simpáticos, polidos, sem falhas, mas também pouco originais. Não contêm nem uma imagem ou enunciado que nos tenha surpreendido por sua novidade. E, no entanto, a poesia, mesmo que aborde temas tão eternos como o deslumbramento da primavera ou a tristeza do outono, deve fazê-lo sempre, por assim dizer, como se fosse a primeira vez, fazendo novas descobertas líricas. Caso contrário, será que não basta o que já foi escrito? Nossos cumprimentos.

Marek T., Zakopane
Você tem uma ideia errada sobre os poetas. Desde que o mundo é mundo, não houve aquele que contasse as sílabas nos dedos. O poeta nasce com ouvido. Afinal de contas, com alguma coisa ele tem de nascer, não é?

K. K., Bytom
Lamentamos ter de responder constantemente: imaturo, banal, amorfo... Mas é que definitivamente essa não é uma seção para os laureados do Nobel, apenas para aqueles que precisam esperar um bom tempo antes de mandar fazer um fraque para usar em Estocolmo. Preocupa-nos que o senhor trate o verso branco livre como libertação de todas as normas. O senhor faz anotações soltas e as quebra de qualquer maneira, pondo algumas palavras à direita e depois à esquerda. A poesia (seja lá o que mais pudéssemos dizer sobre ela) é, foi e será um jogo, e um jogo sem regras não existe. Sabem disso as crianças. Por que os adultos se esquecem?

Esko, Sieradz

A juventude é realmente um período muito difícil da vida. E se ainda se acrescenta a ambição de escrever às dificuldades da juventude, é preciso estar em forma para dar conta de tudo. Estar em forma inclui persistência, laboriosidade, leitura, percepção, aceitação de si mesmo com bom humor, sensibilidade para os outros, pensamento crítico, senso de humor e a forte convicção de que o mundo merece continuar existindo com mais felicidade do que teve até agora. Os exemplos enviados mal sinalizam a vontade de escrever e ainda não apresentam nenhuma virtude específica. O senhor tem muito trabalho pela frente.

Elżbieta G., Varsóvia

«Que caminhos devo trilhar para, estudando por conta própria, conhecer a literatura polonesa e particularmente a poesia?» Se ainda não concluiu o ensino médio, precisa dominar o programa escolar da área de literatura e, pelo menos, da de história. Ler revistas literárias. Frequentar eventos literários. Ouvir debates. Procurar ter amizade com pessoas cultas. Esse programa, como você pode ver, é agradável, embora não assegure resultados eletrizantes de imediato. É assim essa nossa vida. Breve, de um modo geral, mas cada detalhe exige paciência.

K. K. K., Katowice

Uma novelinha policial em nada pior que aquelas que podem ser lidas na revista *Panorama*. Não depreciamos de forma alguma esse gênero, porque, sem dúvida, é o único que se pode ler com certa atenção na sala de espera do dentista.

Mas a verdadeira literatura só começa quando as personagens vivas intrigam mais que o cadáver misterioso. Cordiais cumprimentos.

M. G., Wrocław

Você é um humilde aprendiz dos poetas, espiona seus truques e transfere imagens específicas dos poemas deles para os seus. Alguns de seus poemas começam com uma apóstrofe para certa «Senhora», só porque essa «Senhora» madrigálica está muitíssimo em voga de algum tempo para cá. Os poemas se caracterizam por rimas cuidadosas e uma total indiferença do autor quanto ao tema abordado. A idade explica muito. Quando temos dezessete anos, fingimos ser tudo, menos nós mesmos. Conhecemos esse horror de nossas próprias recordações.

Jawor de Jawor, Wrocław

Merecem destaque algumas páginas do conto, mais precisamente aquelas que contêm a palestra do professor de astrozoologia. Divertimo-nos ao ler e apreciamos a imaginação à qual o senhor conseguiu impor as regras de uma sistemática pseudocientífica. É uma pena que a estrutura narrativa da palestra não seja assim tão engenhosa e estilisticamente refinada. Esse mundo é duro para os estreantes. Eles precisam impressionar o leitor com uma uniformidade de bom nível ao longo de toda a obra. E isso no poema inteiro e não apenas numa metáfora bem-sucedida; ou no conto todo, e não apenas num fragmento. Fragmentos, trechos, notas são publicados apenas após a morte do estreante, que durante toda a vida trabalhou duro pelo título de mestre. Isso é amargo, mas provavelmente bastante sensato. Pedimos que não deixe de nos contactar. Nós o encorajamos sinceramente a continuar escrevendo.

Michał, Nowy Targ
Rilke desaconselhava aos jovens poetas os temas por demais gerais e batidos, porque esses são os mais difíceis e exigem muita maturidade. Ele os encorajava a escrever sobre o que viam ao redor, o que viviam no dia a dia, o que tinham perdido e o que tinham encontrado. Aconselhava-os a introduzir no poema as coisas que nos cercam, as imagens dos sonhos, dos objetos lembrados. «Se a vida cotidiana lhe parece pobre», ele escreveu, «não a culpe por isso: culpe a si mesmo, que não é poeta o bastante para perceber sua riqueza». Nossos conselhos podem lhe parecer chatos e limitados. Então trouxemos em nosso auxílio um dos mais esotéricos poetas do mundo, e veja só como ele apreciava as coisas ditas comuns!

B. Bz., Wrocław
Frequentemente nos chegam textos de autores que em suas cartas invocam a boa avaliação de seu professor de língua polonesa. Nós, entretanto, reagimos com o silêncio, ou avaliamos negativamente, ou, na melhor das hipóteses, aconselhamos a adiar o sonho de publicação para mais tarde. Em quem então acreditar? Alguém provavelmente está enganado: ou o professor de polonês, ou o redator. Mas ninguém está enganado. As avaliações são diferentes, pois os critérios são diferentes. O professor vai elogiar e distinguir o poema por sua correção estilística, pela frase fluente, pela clareza da

imagem e pela correta aplicação do modelo de versificação utilizado. Não exige da obra o frescor especial da expressão da originalidade do pensamento, pois sabe que na idade escolar a personalidade está em formação e, portanto, ainda não consegue se expressar a plena voz. Se estivéssemos no lugar de seu professor, também nos agradariam seus sonetos, que não podem ser criticados quanto à forma, o que prova que você entendeu bem os nossos ensinamentos sobre o soneto. O problema é que a mera habilidade artesanal não basta no mundo «adulto» da literatura. O tema de seus sonetos foi emprestado da poesia romântica, e essa representação sem originalidade foi banalizada por meio de muitos epígonos. E novamente precisamos repetir que ainda é preciso esperar para ser publicado. Por enquanto, acompanhe com atenção as aulas de seu professor de polonês. Porque em polonês é preciso ganhar «nota dez».

Cz. B., Łódź

Querido Czesio, estávamos extremamente curiosos para saber quem era o assassino, e até o fim você nos manteve em suspense. E aí, de repente, o próprio falecido levanta do caixão e aponta o homicida! É assim que se faz, isso sim é uma surpresa! Qualquer outra coisa que você nos enviar, leremos com muito prazer. Mas você ainda terá de esperar alguns anos por uma avaliação de verdade, pois tudo indica que você não frequenta esse globo terrestre há muito tempo. Logo você vai se convencer de que não é só a sra. Agatha que escreve histórias que nos prendem a respiração, mas também o sr. Homero, o sr. Shakespeare, o sr. Dostoiévski e ainda alguns outros senhores. Saudações cordiais.

B.K., Radom

A julgar pela caligrafia, o autor não é uma pessoa matusalênica, ou seja, tem ainda muito tempo auspicioso pela frente. Então que leia boa poesia e que a leia bem, isto é, observando as incomensuráveis possibilidades de cada palavra empregada. Essas são as mesmas palavras que jazem mortas nos dicionários ou que vivem uma vida apagada na fala coloquial. Como é possível ocorrer que brilhem festivamente na poesia como se fossem inteiramente novas e apenas há pouco inventadas pelo poeta? Pois é, como dizia Horácio.

M. M., Wrocław

O filho de dezesseis anos e meio começou a escrever poemas nos últimos meses, anda soturno, está tentando deixar a barba crescer, usa um anelão com uma pedra de vidro e um cachecol amarrado no pescoço e exibe seus escritos pela cidade num estojo de violino. O senhor nos pergunta, como especialistas no assunto, se isso que está acontecendo com seu filho é algo que tem necessariamente de acontecer e se existe alguma esperança de que vá passar algum dia. Vai passar, é claro que vai. O rapaz, no momento, quer chamar a atenção para si a todo custo — e está justamente na idade em que se acredita na eficácia dos adereços. Apenas duvidamos que todo esse comportamento tenha começado com a escrita dos poemas. É mais provável que tudo tenha se iniciado ao mesmo tempo — e na maioria das vezes tudo passa ao mesmo tempo. Se existe de fato no rapaz matéria-prima para ser um escritor, ele vai experimentar, em breve, outra fase do desenvolvimento. Vai descobrir, com embaraço, que é realmente diferente, o que na vida não é nada cômodo. Ele vai tentar mudar isso de todas as maneiras ou, pelo menos, esconder. Fala-se sobre esse assunto em *Tonio Krüger*. Lá não se trata de modo algum de uma manifestação infantil de alteridade, mas da verdadeira alteridade, desse tipo de sensibilidade interna, que anuncia muitas complicações na vida. Mas não vamos galopar tão longe. Vamos ficar momentaneamente apenas com o estojo e o anel. Como deve agir neste caso o pai desafortunado? O pai desafortunado espera pacientemente, relembra como ele próprio era nessa idade e procura consolo nas obras filosóficas.

Ewa, Bytom

Quem sabe? Talvez algumas forças poéticas estejam dormitando no fundo da sua alma, contudo elas ainda não conseguem vir à tona. A senhora lhes amontoa obstáculos em pilhas tão altas de metáforas soltas que estas impedem a visão do mundo além delas. Esforçar-se para ser poético é a mais frequente das fraquezas encontradas nos poetas iniciantes. Eles têm medo de uma frase simples e comum, querem causar estranhamento, dificultam as coisas para si mesmos e para os outros. De dez, um se livra desse maneirismo e se torna simplesmente um bom poeta; cinco param definitivamente de escrever; um se volta para a prosa (tomara que com um resultado melhor!), e quatro continuam escrevendo, apenas estranhando, cada vez mais, que seus poemas não impressionem ninguém. Fazendo as contas, esses dez de repente viraram onze. Enquanto estávamos escrevendo isso, parece que alguém se juntou ao grupo.

Z. N-ski, Wadowice

Era uma vez uma moça bonita, gentil e séria, que tinha um namorado também cheio de virtudes. Eles deveriam se casar em dois anos e trabalhar na mesma profissão. Mas certo dia a moça conheceu uma banda sensacional de guitarristas que se apresentavam com batas compridas de cetim estampado, desses para colchas. A felicidade evaporou, a moça foi viajar com aquela banda de pessoas maravilhosamente vestidas e começou a guinchar como solista em diversas espeluncas. É um tema da vida. Poderia parecer até que nem exige esforço do escritor, simplesmente vai saindo sozinho... No entanto, aqui também é necessária uma composição bem pensada, a obtenção do tom adequado. O senhor foi logorreico, sobrecarregou o texto com longos discursos moralizantes, seus olhos tinham um brilho ameaçador, quando aqui era necessário olhar de maneira triste e zombeteira e tentar ser compreensivo, pois isso também é essencial numa boa prosa.

Me-Lon, Katowice

Visto que na primeira página aparece o diretor, na segunda costuma aparecer a secretária, e como na segunda está a secretária, então na terceira aparece a esposa do diretor e, na quarta, o carro zarpando para o balneário, e na quinta — não sabemos, pois, apesar de uma paciência angelical, não conseguimos ler até o fim esses «retratos da vida», e, profundamente pensativos, lançamos ao abismo interplanetário uma pergunta: por que essas histórias de escritório precisam ser tão esquemáticas, rasas e sem alma? O senhor afirma que é uma novela «realista». Entretanto, o realismo não consiste no uso de um esquema banalizado em mil esquetes. Ao contrário, ele só se torna realizável lá onde termina o esquema e as pessoas que entram em ação começam a pensar e sentir mais ou menos à semelhança das pessoas vivas. Nesse sentido, *Uma história como muitas outras* se encontra o mais longe possível do realismo, e sem no entanto se aproximar de nenhum outro tipo de prosa.

M. O., Trzebień

«A despedida do verão emerge qual um peito branco da túnica que um broche prende...» Isso provoca várias perguntas: por que como um peito, por que necessariamente branco, por que emerge, por que da túnica? A continuação do poema deixa nossa ansiedade sem resposta. Entretanto, aparece Adão tentado por uma cobra, o que é uma novidade ousada, que, todavia, parece que não vai pegar. A humanidade se acostumou, com imenso prazer, à ideia de que Eva é a culpada de tudo.

A. G. K.

Historinha agradável, contada de maneira simples, mas a conclusão que se depreende é uma só: como é bom se apaixonar à primeira vista e ser correspondido, particularmente quando nenhum passado entristece aquele sentimento e o futuro também promete ser perfeito. Ficaríamos muito felizes em ser convidados para a festança do casamento e entornar uma tacinha de vinho tinto pela felicidade desse casal harmonioso. Como leitores, sentimo-nos, no entanto, decepcionados. Talvez os contos de fada lidos na infância sejam os culpados de tudo, aqueles nos quais as bruxas más, embora por pouco tempo, tentavam frustrar e estragar tudo. Pode ser que a senhora tenha escolhido para avaliação um conto que, compartilhado num grupo de amigos, não tenha causado nenhum debate — e, por isso, a senhora o considerou o melhor. Nesse caso, pedimos que envie um que tenha recebido críticas. Saudações.

B-dan, Chełm, Lublin

Em sua carta, lemos que o senhor escreve sem metáforas, visto que, aparentemente, elas já tiveram seu tempo na poesia. Então vamos ver como isso se apresenta nos poemas anexos. De fato, não há metáforas, daquelas novas, que nós mesmos precisamos inventar. Há, porém, várias antigas, que já pertencem à fala coloquial. Pois veja bem: a metáfora não é de modo algum uma iguaria poética, é um dos componentes bem vivos da língua. Nunca se permitirá ser inteiramente descartada. E, no geral, ao que parece, o senhor está criando problemas inadequados para quem está começando. Em primeiro lugar, deveria se preocupar se tem algo a dizer. Sob esse aspecto, esses poemas são estéreis, o que nenhum truque formal no mundo vai disfarçar. «Quero ser poeta...» E essa agora? De novo o senhor está pegando a coisa pelo lado errado. Sem dúvida, preferimos aqueles que simplesmente «querem escrever». Somente isso é sério.

H. O., Poznań

É raro alguém começar a traduzir poemas por puro prazer, e ainda mais poetas tão difíceis como, por exemplo, Goethe. Por isso lamentamos que a avaliação dos textos não seja agradável. O tradutor tem obrigação não só de ser fiel ao texto — ele precisa traduzir para sua língua toda a beleza da poesia, sem perder sua forma e mantendo, na medida do possível, o estilo e o espírito da época. Em sua tradução, Goethe parece um poeta sem nenhuma chance de alcançar fama mundial: a senhora adora rimas malfeitas (perdido-conciso, sela-corbelha), tem sérias dificuldades em formular frases simples («quando te aproximares no mercado», que deveria corresponder a *Wenn dich auf dem Markte zeigest*), e nem se sai melhor na regularidade do ritmo. Incrível que Mickiewicz[13] também tenha visto algo naquele miserento.

M. Mar., Varsóvia

O «Poema sobre a mãe» é polidinho, um poema quase envernizado. Expressa conteúdos que, por razões compreensíveis, são caros a todos — e mesmo assim não emociona (afinal, trata-se de uma emoção elementar, certo?) e desperta algumas dúvidas, que tentaremos debulhar brevemente. Existe um modelo de poema sobre a mãe, que remonta pelo menos ao século XIX, quando então a genitora do jovem poeta era retratada como uma velhinha de face toda vincada e com uma auréola de cabelos grisalhos. Vestia um eterno vestido preto e punha nos joelhos as mãos enrugadas e trêmulas. Desde aquela época esse modelo vem penando com persistência nos poemas, embora as mães dos varapaus de vinte anos tenham em média quarenta e poucos anos e (pelo menos nas cidades) não se sintam de modo algum como matronas anciãs. Também fazem de tudo para não parecer assim. Mas fazer o quê? A visão dos filhos é impiedosamente convencional. Não contribui para a criação de bons poemas.

---

13   Ver nota 10.

A. M., Varsóvia

A petizada corre para a escola tap-tap-tap, enquanto a chuvinha ping-ping-ping ou a nevezinha tchap-tchap... Quié isso? Mas é claro! São versinhos para crianças escritos por várias mulheres terríveis. A senhora está querendo se juntar a esse grupo. Não podemos proibir, mas imploramos que tenha piedade das nossas criancinhas, que fogem desse tipo de literatura ui, ui, ui.

M. N., Varsóvia

«No caso da publicação desses poemas, adoto o pseudônimo de Consuela Montero. Obrigada!» Sua cabecinha de treze anos inventou um belo nome. Ficamos curiosos. Será que chegaram à redação de algum semanário espanhol os poemas de alguma Consuela Montero de verdade, com um pedido de publicação e o exótico pseudônimo «Marysia Nowakówna»? Isso seria um verdadeiro intercâmbio cultural, não é? No entanto, para publicar ainda é cedo demais. Vamos deixar que as duas senhoritas trabalhem muito, e pacientemente.

Janusz Brt., Cracóvia

Por que em seus poemas Ísis passeia pelos caifases do pátio? Por que Napoleão cai atravessado por uma lança? Por que uma coluna racha como água fervente e a fuga sangra um pedaço sólido de espera?

Nessa loucura falta método, como observaria Polônio. Mas, é claro, em uma conversa de Polônio com o capitão Cook colhendo cogumelos.

Br. U., Varsóvia
À primeira vista, o poema é ultramoderno, aqui e ali um degrau, aqui e ali um «e» escrito num verso em separado, obviamente nenhuma vírgula e nenhum ponto, algumas letras maiúsculas escritas no meio das frases (novidade!); mas quando lemos um pouco, aí coisas como «saraivada de beijos», «chuva de lágrimas» e «ria, palhaço» aparecem em toda a sua melancolia museológica. Tudo isso junto é como um Alfa Romeo que não sai do lugar porque, em vez de gasolina, foi abastecido com aveia.

P-i, Sopot
É uma infelicidade do nosso século que as gerações estejam deixando de conversar entre si; que especialmente a geração nascida logo depois da guerra tenha tendência a se fechar em seus enclaves, sem demonstrar interesse por ninguém que não seja seu coetâneo. Qualquer que seja a razão e qualquer que seja o resultado disso para a vida social, de uma coisa sabemos: para a literatura isso não é um bom augúrio. A falta de curiosidade é ameaçadora para a sua existência. Significa o mesmo que a insensibilidade para as cores na pintura e a falta de ouvido musical na música. Nos contos que o senhor nos enviou há estreiteza, abafamento e falta de problemas. Não há janelas para o mundo, então também não há nenhuma perspectiva de abertura. Muito ruim — o estilo elegante não salva nada aqui.

L. G., Szczecin
A marcha da humanidade está repleta de imperativos sublimes. «Acerte o passo!», «Olhe à direita e olhe à esquerda»,

«Corra para o alto, acelerado!», «Enrijeça e forje a vontade!» e «Erga as fundações do edifício!»... Apesar da falta de indicadores mais detalhados, de certa forma, tudo isso pode ser feito. Piores são os efeitos acústicos: «Então toquem as trombetas, encham as bochechas de orelha a orelha»! A senhora já pensou se todos levarem essa convocação a sério? Dois bilhões de trombeteiros? É melhor que venha logo o fim do mundo, o mais rápida e silenciosamente possível.

E. K., Rudy Raciborskie

No «Correio», uma grata surpresa assim não acontece com frequência: um conto de ficção científica! Que descanso, depois da leitura de quatrocentos poemas idênticos sobre o outono! O conto em si tem ainda sérios pontos fracos, mesmo assim estamos gratos ao autor que, por um momento, nos transportou para o tempo em que as pessoas poderão substituir seus órgãos sucessivamente. Só que, já que é uma previsão, então é necessário prever também os problemas. Essa troca de cérebro, sobre a qual o senhor escreve tão tranquilamente, levanta dúvidas de natureza moral. Aquele paizinho moribundo, que instruiu os cirurgiões a transferir seu cérebro genial para a cabeça do filho, causa medo, independentemente do fato de o filho concordar ou não com isso. O cérebro, no qual tal pensamento foi concebido sem objeções, em nossa opinião, não serve para continuar fazendo a humanidade feliz. Nossos cumprimentos.

Mił, Brzesko

As descrições da natureza não pertencem aos serviços obrigatórios do escritor. Se não se encontram palavras novas o bastante para que a descrição seja interessante, é melhor deixar o brilho da lua na água completamente em paz. Além disso, o fragmento do romance enviado fala sobre o roubo de uma vaca. Nem o ladrão nem a vaca levada do curral têm cabeça para admirar os encantos da natureza.

3333, Kielce

O protagonista da novelinha é um escritor polonês excepcional e magnífico. Que popularidade, que riqueza, que fertilidade! O filho da felicidade, o eleito do destino, do amanhecer até a noite, é carregado nos braços com veneração, da noite até o amanhecer, bebe o mel da taça do mundo. Mesmo que perca aquela pasta (com o manuscrito genial), quase de imediato ele vai encontrá-la, além da mão de uma senhorita maravilhosa. Querido fantasioso, melhor você escrever sobre como estão as coisas em Kielce. Todos bem de saúde?

A. A., Białystok

A senhora delineia uma fronteira incisiva entre a beleza e a feiura. Seu percurso é estereotipado: lindas são as borboletas e as andorinhas, asquerosos são as lagartas e os morcegos. O leitor sensível à natureza ficará irritado, e com razão. Naturalmente a senhora pode exaltar a graça de uma rosa, mas por que à custa da urtiga, que de modo algum é desprovida de um encanto peculiar? E os macacos? Talvez pareçam de fato feiosos quando comparados às pessoas das quais gostamos. Pois, quando comparados com o resto, essas criaturas ganham disparado, certo? Para nós, por exemplo, os olhos da babuína têm tanta beleza nostálgica quanto os olhos de Michèle Morgan. A senhora quer ser poeta, mas não sabe ver as coisas.

L. A., Olsztyn

A cada substantivo a senhora justapõe dois ou até três adjetivos acreditando, como se acreditava no modernismo polonês, que o adjetivo é a parte principal da força poética, que é ele que cria a aura apropriada para a poesia. Nenhuma das outras épocas honrou os adjetivos dessa maneira, pois elas entendiam instintivamente que as coisas que devem ser definidas com exatidão precisam ser definidas com parcimônia — de outra forma, até o poema mais lindamente planejado naufraga, como uma embarcação repleta de água. Esqueçamos os poucos mestres e vejamos o que acontece anos depois com as obras dos poetas de segunda e terceira categorias de determinada época. Veremos que aqueles poetas «piores» — digamos, do Iluminismo — continuam até hoje, não provocam irritação ou desânimo e, mesmo que não impressionem por qualidades extraordinárias, pelo menos despertam respeito por sua habilidade artesanal. Já dos poetas de segunda categoria do modernismo polonês, não sobra nada, são simplesmente insuportáveis, e, antes de tudo, isso é resultado do desleixo estilístico. As primeiras tentativas poéticas costumam surgir de alguma influência. A senhora, por enquanto, escolheu o pior modelo.

L. K., arredores de Cracóvia

Proibiríamos aos poetas iniciantes a palavra «enfeirar». Porque, é claro, se é para enfeirar, que sejam as lágrimas (no que reside a alusão às pérolas, conhecida até pelas criancinhas de berço), ou os dias (o efeito rançoso da monotonia), ou as recordações (predominantemente no fio do tempo etc.). Em seus poemas, senhora, a cada passo encontramos um clichê poético. Seu uso não é de forma alguma um crime contra a Arte, pois ela sempre costuma ter epígonos, está acostumada a eles. Só há um problema: ela não aufere nenhum benefício de sua atividade.

Zb. K-, Poznań

Em apenas três poemas, o senhor provavelmente usou tantas palavras pomposas quantas um poeta de verdade, em nossos dias, não gastaria ao longo de uma vida longeva. As palavras: *pátria, verdade, liberdade, justiça* são preciosas. Flui delas sangue autêntico, que não cabe imitar com tinta. Se alguém é incapaz de combinar essas palavras com uma reflexão individual, então é melhor deixá-las para depois.

P. F., Cracóvia

Sr. Piotr, o senhor não vai escapar do sentimentalismo pelo mero fato de escolher um tema drástico. O sentimentalismo é uma atitude que pode se manifestar em qualquer tema e em qualquer cenário. Concordamos que o sentimentalismo exagerado seja uma atitude que falsifica a vida. Mas não nos deixaremos persuadir de que apenas o porre de vodca seja uma atividade verdadeira e que o único lugar verdadeiro no mundo seja o boteco. Ultimamente esse tema e esse cenário estão muito na moda em nossa prosa jovem. Temos lido muitas histórias dessa série, algumas melhores e outras piores. Esses mesmos tipos, essas mesmas conversas, esses mesmos estados fisiológicos, essa mesma ressaca. Em resumo, tudo isso é terrivelmente sentimental às avessas. O antissentimentalismo programado tem também seus esquemas que se tornam rapidamente entediantes. Que horror!

Bonito, Bydgoszcz
Apavora-nos a robustez viril dessas farsas e epigramas. Pois o senhor já não espera que o leitor ria, mas que ele guinche, coaxe e caia da cadeira ao chão arrastando consigo a tolha puxada da mesa e o *cherry* do aniversário. Aqueles que não conseguirem reagir dessa maneira vão se sentir terrivelmente solitários e um tanto desnecessários. Não podemos permitir que isso aconteça.

Kamila W.
O que separa as pessoas umas das outras? Uma parede invisível. Com o que se pode comparar uma grande cidade? Com uma colmeia ou com uma selva. Como é o vazio? O vazio é estéril. O que acontece com uma corda tensa? Arrebenta, é claro. O que decepcionou o redator? Tudo isso.

B. G., Tarnów
É completamente normal o desejo do autor de que aquilo que ele escreve cause no leitor uma impressão inesquecível. Às vezes existe apenas o problema da escolha dos meios estilísticos que devem evocar essa impressão. Não é a primeira vez — provavelmente já são setecentas e oitenta e nove vezes — que advertimos que o uso de termos exagerados enfraquece a coisa toda ou produz um efeito totalmente indesejado pelo autor. Na sua narrativa, aparentemente ocorrem

coisas apocalípticas: alguém «esmaga» a maçaneta com a mão, embora, em vez disso, devesse dizer apenas que ele apertou com força a maçaneta. O trem, é claro, dispara «como um louco» — quer dizer então que logo teremos uma catástrofe? Que nada, logo descobrimos que ele chega à estação e, além disso, com atraso. O vento «sopra furiosamente», alguém sente «o inferno» dentro de si, a moça na estação está em pé como «uma estátua de dor», e, para ser mais terrível ainda, é uma estátua «atingida por um raio». E depois acontece de todos estarem vivos, andando, comendo, constituindo família e absolutamente nada aconteceu. Como leitura desintoxicante, recomendamos a descrição estilisticamente muito comedida da erupção de um vulcão, feita por Plínio, o Jovem.

Kar. M., Sędziszów

Que sorte dos médicos! Eles sempre podem receitar algumas pílulas. Para a nossa área, a Indústria Farmacêutica Polonesa não inventou nada. Recomendamos então a gramática da língua polonesa três vezes ao dia após as refeições.

M. K., Lublin

Lemos o texto com simpatia pelo temperamento do autor, mas também com a sensação de que estamos sendo envolvidos em desentendimentos familiares não tão significantes assim a ponto de se tornarem material literário. O fato de os pais terem insistido em pendurar na parede o retrato da vovó com um pinscherzinho, e os filhos, um quadro abstrato pintado por um colega, ainda não atesta enfaticamente o trágico conflito de gerações. Afinal de contas, alguma coisa sempre está para acontecer na família, e é bom quando a diferença de opiniões atinge apenas os pontos de vista em relação à cultura e à arte. Além disso, não temos certeza se a vovó é realmente *kitsch* e a abstração não é uma obra-prima. Por enquanto consideramos estabelecido nosso contato com o senhor e solicitamos que nos envie outros trabalhos.

W. W. M., Katowice

Para um autor iniciante, o senhor demonstrou uma inacreditável fortaleza espiritual ao enviar-nos apenas quatro poemas, e tão curtinhos que sua leitura mal dura um minuto. Foi, contudo, um minuto interessante. Pedimos que nos envie uma quantidade um pouco maior de escritos, para que possamos considerar melhor suas possibilidades no futuro ou no Futuro.

A. K., Zagłęb

O melhor de todos é o poema sem título; nele já aparecem fragmentos poéticos realmente maduros. Em cada poema, de fato, trata-se de sentir que exatamente aquelas palavras, e não outras, esperaram por séculos para se encontrar e se fundir numa só unidade que não pode mais se romper. Pedimos que nos mande algo mais e, no caso de alguma viagem a Cracóvia, venha visitar nossa redação e as tumbas no Castelo Real de Wawel.

Paw. Luk., Varsóvia

O senhor almeja se tornar o poeta Villon do século xx. Perfeito. Encanta-o «uma vida exuberante, cheia de verdadeiras emoções». «Um poeta», escreve o senhor, «não deveria sofrer nenhuma *repreção*...» Santas palavras! E, caso sofra, que seja «repressão». A propósito, pedimos que preste muita atenção a um pequeno detalhe da biografia de Villon, que o senhor parece ter ignorado por completo. Esse grande poeta licenciou-se em artes pela Universidade Sorbonne, e disso devemos concluir que era um jovem muito bem educado para sua época. Damos ao senhor nossa palavra de honra de que esse fato teve imensa importância para a poesia dele.

MAK., Szczecin
Temos aqui apenas um esboço da história. «Mas como assim?», a senhora nos dirá. «Eu contei o que aconteceu da forma mais discreta e moderada possível. Tanto quanto um observador de fora poderia ver. O que mais vocês querem?» Talvez queiramos isso: que a senhora tivesse sido uma observadora mais curiosa. Do protagonista de um conflito psicológico não basta dizer que ele é cego, porque dizer que é cego não configura uma característica psicológica. E a namorada dele? Até o final, sabemos muito pouco sobre ela para que permaneça em nossa memória como uma personagem definida. Nas próximas histórias, pedimos lembrar: o autor deve ser um espião de suas personagens fictícias, deve ficar ouvindo por baixo das portas, espiar quando elas estão sozinhas, abrir suas cartas e tentar adivinhar sobre o que se calam. Enviamos nossas saudações.

Kali, Łódź
Somos partidários do velho princípio de que o escritor deveria saber um pouco mais sobre suas personagens do que elas mesmas sabem sobre si. Ou, no mínimo, tanto quanto.

Mas nunca menos. Como explicar a decisão de Marek, que larga seu trabalho na fábrica sem mais nem menos? Esse fato não tem nenhuma justificativa na história, e, no entanto, é um fato crucial na vida do protagonista e decisivo para seu futuro. Cada ato humano se compõe de inúmeras causas. A ambição de um escritor é descobrir as causas, organizá-las segundo o grau de importância e, muitas vezes, revelar causas até então despercebidas. «Por quê?» é a pergunta mais importante na linguagem terrestre, e provavelmente a mais importante nas linguagens das outras galáxias. Um escritor deve conhecê-la e usá-la com habilidade. Para começar, tente aprender um pouco mais sobre o seu próprio Marek.

Zygfryd Miel., Gdańsk

Há algo em seus textos: um pouco de imaginação, um pouco de escárnio, um pouco de sensação de absurdo (muitíssimo na moda!). Mas precisaria ainda reescrever cada continho pelo menos cinco vezes. A propósito, gostaria de lembrar que Tchekhov reescrevia seus textos sete vezes e Thomas Mann fazia cinco correções (nesse meio tempo inventaram a máquina de escrever).

B. D., Piastów, arredores de Varsóvia

O pecado original do estreante: a fé na onipotência do tema. Parece que basta inventar um tema para que a parte principal e maior do trabalho já tenha sido executada, e aquele resto menor, ou seja, sua narração, é uma ninharia sem qualquer significado mais sério. Ainda mais que o tema é em si mesmo atraente: o amor. O amor de uma jovem por um homem casado, que termina com a desistência voluntária, bem ao espírito dos conselhos das revistas como *Zwierciadło* [Espelho] ou *Przyjaciółka* [Amiga].[14] No entanto, a questão é completamente diferente. O tema chega de maneira mais fácil e não tem nenhum valor literário em si mesmo. Terá valor se for inserido em alguma realidade psicológica e cultural, se for documentado com a observação e a experiência do autor. Na sua narrativa, tudo é meia-boca e mal esboçado: uma cidadezinha qualquer, uma jovem qualquer, um homem qualquer. No coração da jovem misturam-se «vários sentimentos contraditórios», o homem «sela seus lábios com um beijo»... Pode-se escrever assim, mas não se deve escrever assim.

P-ł, Lublin

Não apenas não duvidamos da existência do amor à primeira vista, como até estamos inclinados a perceber nesse fenômeno a estrita evidência da natureza. A pequena cena descrita pelo senhor certamente se desenrolou na vida real, e não foi só uma vez e não só naquela praia. O problema é que, antes de tudo, essas pessoas que se interessaram tão rápido uma pela outra não conseguiram *nos* interessar. Isso em primeiro lugar. Em segundo, o autor deveria insuflar na cena sua própria sabedoria. Persuadir o leitor de como tudo aquilo foi importante ou, pelo menos, como foi terrivelmente insignificante. Portanto, não haverá nada «em terceiro lugar».

---

14 Revistas dirigidas ao público feminino, criadas em meados do século xx.

Belka, Gniezno
É claro que a autoconfiança é muito necessária ao escrever. Mas depende de qual, porque existem duas. Uma resulta do fato de que ainda se leu muito pouco. Na falta de qualquer escala comparativa, o primeiro poeminha dizendo que na primavera até o brilho do sol é mais claro pode parecer ao autor uma obra-prima sem igual, rapidamente seguida por outras. O segundo tipo de autoconfiança, ainda que, de fato, não traga deslumbramentos súbitos, dá maior garantia de um resultado favorável. É preciso conhecer as literaturas antiga e contemporânea. É preciso pensar se tudo já foi dito, e isso numa perspectiva que seja completamente suficiente. Se não foi, então talvez seja a sua vez. Surge então a confiança número dois. Sobre esses textos que nascem desta inspiração, já é possível debater. Nossas saudações.

Puszka, Radom
Até sobre o tédio é preciso escrever com paixão. Essa é a lei de ferro da literatura, que nenhum «ismo» consegue abolir. O senhor deveria começar a escrever um diário, o que, aliás, recomendamos a todos os candidatos a escritor. Assim o senhor vai se convencer de que muitas coisas acontecem num dia no qual aparentemente não acontece nada. Por sua vez, se suceder que o senhor não perceba nada digno de nota, nenhuma observação, reflexão ou sensação, o resultado será apenas um: o senhor não tem qualificação para ser um escritor. Nós o incentivamos a tentar.

Grzywa, Zakopane

Seja como for, jovem de juba,[15] é preciso conhecer a poesia clássica, nem que seja apenas para evitar um esforço desnecessário. Afinal, pode calhar de você escrever o *Rei-Espírito*[16] e depois se lamentar porque outra pessoa já fez isso antes.

Ewus, Chełm, Lublin

E novamente, pela segunda vez nesta semana, uma autorização para que esta redação faça todas as correções que considerar necessárias. De estreantes tão despreocupados, a literatura não obterá nenhuma vantagem. Seria interessante saber se o Comitê Olímpico Polonês alguma vez recebeu uma carta com esse conteúdo: «Tenho a intenção de ganhar o campeonato do mundo. Autorizo os senhores a treinar por mim»...

T. W., Cracóvia

Infelizmente a escola não dispõe de tempo suficiente para ensinar a análise estética de uma obra literária. Discute-se sobretudo o tema e enfatiza-se sua ligação com o momento histórico. Esse é um conhecimento altamente necessário, mas insuficiente para aquele que vai se tornar um bom leitor independente e menos ainda para aquele que tem aspirações criativas. Nossos jovens correspondentes ficam muitas vezes chocados que seu poeminha sobre a reconstrução de

---

15   O codinome do correspondente é Grzywa, que significa «juba».
16   *Król-Duch*, poema escrito por Juliusz Słowacki (1809-49), poeta e dramaturgo do romantismo polonês.

Varsóvia ou a tragédia vietnamita possa ser ruim. Julgam que as boas intenções automaticamente decidem sobre a forma. E, no entanto, para se tornar um sapateiro decente, não basta ser um entusiasta do pé humano. É preciso ainda conhecer couros, ferramentas, saber escolher o modelo adequado e assim por diante... Dificuldades semelhantes estão ligadas à criação artística.

Idem, Radomsko
O talento não se limita à «inspiração». De vez em quando, todos são tocados pela inspiração, mas apenas os talentosos conseguem se sentar por longas horas em frente a uma folha de papel e aperfeiçoar o ditado do espírito. Aquele que não quer fazer isso evidentemente não tem vocação para a poesia. Daí ocorre esse estranho fenômeno: a existência de uma multidão de inspirados versejadores, mas pouquíssimos poetas verdadeiros. Tal como no passado assim é hoje, tal como hoje, assim será no futuro...

Olgierd, Olsztyn
Apesar de seus vinte e três anos, você é ainda excessivamente pueril. Você imagina que a estreia literária seja algo semelhante ao sucesso fulgurante dos cantores. Estreia: sucesso estrondoso!, o público vai à loucura, uma multidão atrás de autógrafos, fotografias nos jornais, entrevistas... Ora, por favor! Ninguém ainda conseguiu uma conquista dessas! O leitor não se entusiasma tão facilmente quanto o público cativo dos concertos de música pop. E, no geral, a literatura é hoje em dia uma área de emoções menos violentas, embora certamente mais duradouras. Você se imagina rodeado por

uma profusão de entusiastas e declamando-lhes seus poemas, mas que poemas? Que poemas?! Afinal é preciso antes escrevê-los, trabalhando duro, corrigindo, jogando na lata do lixo, começando de novo... Aquele que pensa em literatura deveria se imaginar em situações diferentes e mais modestas: num quarto vazio, inclinado sobre uma folha de papel. Numa caminhada solitária. Lendo um livro alheio, porque não são só os próprios que valem a pena ser lidos. E, por fim, com as pessoas, em conversas nas quais ele não seja o principal centro de interesse. Dos poemas enviados, dois distinguem-se por sua relativa coerência. O resto é um caos enfadonho.

M. J., Varsóvia
A narrativa é ainda muito franzina. O senhor acredita que a mera expressão «um grande amor» já basta para emocionar o leitor e envolvê-lo nas vivências do protagonista. Entretanto, seria preciso provar por que esse foi um amor tão grande assim e por que deveria ser do interesse de alguém alheio a tudo isso. Depreende-se do texto que estamos lidando com um afeto de base pequena e superestrutura modesta. Claro, são exatamente histórias assim que acontecem com mais frequência na vida, mas se a literatura dependesse da panelinha da estatística, então logo agonizaria de inanição.

K 4, Szczecin
Ficamos entediados com essas centenas de personagens de novelas e de fragmentos de romances, vivendo uma vida psíquica tão miserável, que já começamos a duvidar que tais pessoas possam de fato existir, ou tenham existido, mesmo na época das cavernas. O senhor deseja se tornar um escritor, e

um escritor notável, um excelente escritor, mas falemos abertamente: essas personagens que não conseguem pôr para fora numa conversa nem sequer uma frase relativamente sensata e levam uma vida irrefletida e totalmente automática, bem, elas não vão conduzi-lo ao Parnaso. Todo escritor ambicioso tenta elaborar seu próprio protagonista pensante, precisa criar ao menos uma personagem à sua semelhança (e não estamos, de modo algum, suspeitando que aquele Józek, o Comprido, seja o seu porta-voz), alguém que seja capaz de vivenciar sua vida ficcional na dimensão de uma consciência aguçada. Sem essa ambição o senhor nunca irá além das imagens medíocres da pintura de gênero.

D. D., arredores de Cracóvia

Um roteiro de televisão se escreve da mesma forma que uma peça dramática, exceto que as situações podem mudar com mais frequência que no palco teatral.

Não é preciso conhecer todo o abracadabra técnico (por exemplo, quando dar um close para que se possa ver até a prótese dentária na mandíbula de J. César, ou quando dar tal distância que não se possa saber quem, com mil diabos!, está zanzando por ali naquela toga) — essas questões são assunto do diretor, das suas concepções e tudo mais. Saudações.

J. J.

A coisa toda acontece numa panificadora retratada de forma bastante confiável, com suas misturatrizes, tabuleifórmios, batecundeiras, modelérias, fornaredos e instruções para assar o pão. Há nessa descrição a literalidade de um relatório. Na oportunidade, somos informados sobre o tipo de conflitos que acontecem numa panificadora. Trata-se então de uma reportagem jornalística, só que identificá-la como «conto» engana, pois direciona o leitor para outras emoções.

Pero Z., Chełm Lublin

Na literatura, exige-se demais dos animais que falam a língua humana. Devem falar não só com sensatez como, além disso, dizer coisas realmente importantes. Os pobrezinhos precisam ser espirituosos, lógicos e perspicazes. Em uma palavra, exige-se mais deles do que se costuma exigir de um exemplar da espécie humana, ao qual se permite delirar e balbuciar no papel datilográfico — papel tão difícil de conseguir. Lemos também um conto no qual alguns representantes da humanidade trocam entre si suas opiniões confusas no bar «No porão do Ursinho». Solicitamos que escreva algo sobre pessoas sóbrias. É mais difícil, mas como prêmio leremos até o fim.

Mae, Krościenko

Não sabemos exatamente por que a escrita de epigramas é um domínio praticamente exclusivo dos homens. Eles não devem se sentir orgulhosos disso, já que o nível médio dos epigramas publicados é muito baixo. E a senhora sabe por quê? Porque a cada dois que vêm à cabeça, eles escrevem um, enquanto deveriam escrever um a cada dez. Se a senhora aplicar essa regra, vai deixá-los todos para trás.

Paulina, Jelenia Góra

As fábulas moralizantes de animais saíram um pouco de moda. De qualquer forma, a prática desse gênero exige uma nova criatividade, ainda que apenas no tipo de animais introduzidos na ação. Na sua narrativa, lá está de novo o leão, de novo o lobo, de novo a ovelhinha. Suplicamos pelas criaturas omitidas por Esopo. Nem que sejam umas bactérias, por exemplo.

L. W., Przemyśl

Não, de modo algum nos choca a forma dessa espécie de narrativa ou relato moralista, já que não somos guardiões da, hoje em dia, pouco atual pureza dos gêneros literários. Consideramos cada coisa como um todo regido por suas próprias leis internas, e somente de acordo com as possibilidades nela contidas. Não nos entristece que um comentário enorme tenha o mesmo peso de uma ação escassa. O que nos enche de tristeza é só a ingenuidade desse comentário. Ao louvar a vida idílica no seio da natureza, o senhor enxerga as causas de todo o mal na Terra no saber, na curiosidade do mundo e no desejo de melhorar o destino. Esperamos que conheça melhor a vida no seio da natureza e, aliás, que sua letra seja mais legível.

M. G., Gdynia

O grotesco é uma brincadeira literária muito refinada. Sem poesia, sem graça estilística e sem sabedoria não se avança. Mas, com certeza, esse gênero não existe para que as pessoas tenham vontade de vomitar. Para criar tal efeito, basta uma boa olhada nas feirantes que fatiam a linguiça e depois, com aquelas mesmas mãozinhas brancas, recolhem o dinheiro. Nessas condições, a palavra escrita deveria dar ao leitor consolo e alívio.

Wojciech Z., Kielce

Por enquanto, uma facilidade juvenil e despreocupada de escrever sobre qualquer tema que venha à cabeça. As palavras se precipitam como uma avalanche de primavera. Mas valeria a pena, de vez em quando, morder o lápis e olhar com desespero pela janela.

Marek de Varsóvia

Temos a seguinte regra: todos os poemas sobre a primavera tornam-se automaticamente desqualificados. Esse tema deixou de existir na poesia. Na vida, é claro, continua existindo. Mas são duas coisas diferentes.

B-w, Bochnia

«Quando zangado, ele lhe parecia uma velha locomotiva fungando...» Ele não podia parecer assim, porque ainda não havia locomotivas. Da mesma forma, o soneto transcrito no texto, que provém supostamente do século XVII, parece muito mal rimado para o gosto daquela época. Ainda não se conheciam copidesques, mas as exigências já existiam. Pedimos para enviar algo novo daqui a algum tempo, pois, apesar de tudo, encontramos alguma graça e ousadia nessa primeira tentativa.

J. G., do distrito de Żywiec

Será que quando a senhorita era uma menininha (o que não foi há tanto tempo assim), gostava de versinhos sobre petizes exemplares e bem-comportados, para os quais tudo dava certo? Porque nós não gostávamos, franzíamos o cenho quando nos obrigavam a declamar coisas assim. Preferíamos riminhas sobre crianças menos perfeitas ou até mesmo insuportáveis. Sabíamos de antemão que a última estrofe conteria uma moral — fazer o quê? —, mas, em todas as anteriores, quantas aventuras pitorescas e travessuras proibidas! Será que as crianças de hoje têm gostos diferentes? Seria a maior surpresa do século xx.

J. G., Zielona Góra
Os voos espaciais que faremos em 3806 absorveram tão completamente a atenção do autor que ele deixou em paz a esfera terrestre e sua vida cotidiana, sem transformar nada aqui com o esforço de sua criatividade. E assim lemos com alívio que, naqueles tempos longínquos, ainda tomaremos sorvete de creme, ouviremos o canto dos pássaros no bosque e esperaremos com impaciência pelo carteiro atrasado. Nada de pílulas, nem máquinas automáticas, robôs, parafusos atarraxados na cabeça, dispositivos para ler o pensamento dos outros e coisas terríveis afins, com as quais nos amedrontam os autores mais maduros. Gratos, Jacuś.[17]

Tomista, Sopot
O tal filósofo não era de forma alguma um velhinho decrépito. Não chegou nem aos cinquenta anos, o que, mesmo na Idade Média, não se considerava uma idade avançada. Da mesma forma, sua vida não foi tão doce e harmônica como depreendemos da sua narrativa. Por que motivo o senhor inclui uma personagem sobre a qual sabe tão pouco?

---

17   Diminutivo de Jacenty e Jacek — Jacinto, em português.

As prosas poéticas estão um tanto melhores, pois tratam de coisas não verificáveis. Aceitamos de boa-fé que os frutos da macieira sejam seios de moças violentadas.

K. W. Sz., Bytom

O «Correio» de hoje está tendo sorte com as mulheres fatais. A novela carrega o título inequívoco de *Vampira*. Essa senhora realmente se comporta de uma forma horrível, não apenas por não amar seus homens, mas, além disso, ainda faz de tudo para que eles não escrevam suas obras-primas e não aperfeiçoem suas invenções. É uma pena que não saibamos como deveriam ser essas obras-primas e invenções. Gostaríamos de nos encher de uma indignação que fosse mais justificada.

G. O.

É verdade que Nero tinha um caráter repugnante, que se entregava a uma vida devassa e à escrevinhação. Mas que ele comesse batatas fritas, isso não se lhe pode imputar. Apesar de «fritas» ser uma rima bem bonitinha para «escritas».

Kali, Katowice

Acreditamos em sua palavra de que todas as mocinhas que aparecem nessa prosa e também o autor são tirados da vida real. No entanto, isso não quer dizer nada, já que a quantidade de mocinhas não necessariamente irá se converter em qualidade da obra. As experiências do sr. Stendhal nesse campo foram muito mais inexpressivas, e, apesar disso, ou talvez justamente por isso, ele teve mais tempo para meditar sobre as mulheres, distinguir uma da outra e fazer algumas observações sobre a própria essência do amor que até hoje são surpreendentemente precisas. *Voilà*!

Bożena W., W.
 Não há na literatura amor tão grande que possa prescindir de um cenário social e de mundanidades similares. Nós nos encarregamos de preencher uma enquete com os dados biográficos de Tristão e Isolda, Kariênina e Vronsky, Castorp e a sra. Chauchat, Dom Quixote e Dulcineia, Romeu e Julieta. Os correspondentes do nosso «Correio» tendem a tratar o amor como um fenômeno «em si mesmo». Confiam que basta dar algum nome às duas personagens e alocá-las em algum quarto com uma cama e já teremos tudo o que é indispensável para a análise desse sentimento popular. E são justamente tais narrativas que delimitam as fronteiras da nossa paciência.

Hi, Bochnia
 Conseguimos manter o sangue frio, embora na sétima página tenha sido revelado que um dos jogadores de *bridge* era o fantasma do enforcado. Já lemos coisas piores e já vimos coisas piores (sem dizer das coisas que costumamos ouvir). A razão para a brutal rejeição da novelinha é o fato de que o fantasma e os outros três jogadores desconhecem completamente as regras do *bridge*. Recomendamos substituir as cartas, por enquanto, por um jogo de dominó.

L. Ar., Cracóvia
 Parece que Liev Tolstói entrava no guarda-roupa para ficar ouvindo as conversas das crianças da família.

Desejamos ao senhor pelo menos um pouco dessa bisbilhotice, porque o senhor está escrevendo um romance sobre a vida das moças numa casa de estudantes, e, embora o enredo esteja construído de forma eficiente e interessante, as jovens conversam entre si no estilo dos romances de Madame de La Fayette. «Temo», diz uma, «que Maciek não tenha a capacidade de captar os sentimentos do meu ser». «Ó, sim», responde a outra, «nestes últimos tempos ele tem aparentado distração».

W. S., Wałbrzych
No mundo dos vivos, tudo é possível, mas e no mundo dos mortos? Essa outra área, querido Waldek, exige do poeta precisão e conhecimentos exaustivos. Você escreve: «Vão pelo campo os espectros negros, nos atoleiros, ferindo seus pés...» E isso lá é possível? Afinal, um espectro não tem como se machucar! Essa é uma particularidade tão conhecida que até as enciclopédias a omitem em silêncio.

Patyk, Kielce
A rainha Margot vestia sobre seus trajes um cinto com muitos bolsinhos, nos quais jaziam os corações ressequidos de seus amantes. De forma alguma isso chegava a incomodar os poetas daqueles tempos. Competindo entre si, dedicavam àquela ilustre dama poemas tecidos dos mais delicados elogios. Contra aquele pano de fundo, a musa de seus versos pareceria pálida e decente e ficaria famosa apenas por ter dançado *twist* com outros homens durante boa parte da noite. E o que lhe coube por isso? Poemas distantes de qualquer galanteria, descrevendo sua pessoa com palavras

bem abaixo do nível das normas sociais e ortográficas. Como tudo isso é complicado!

Leon e Tymoteusz

A descrição da sra. Grażyna na cama com o sr. Robert cumpriu os requisitos do realismo (do pequeno,[18] é verdade, mas que seja!). Durante a leitura, a ressaca, depois da mistura de conhaque com cerveja, provoca a sensação de uma verdade fisiologicamente experimentada. A topografia dos locais de entretenimento de Lódź é irrepreensível. Apenas não se sabe de onde exatamente as personagens tiram seu sustento. Perguntamos não porque gostaríamos de viver como eles, pois, afinal, isso seria tremendamente enfadonho e atrelado à obrigação de manter conversas nada inteligentes — como se pode perceber pela novelinha. Perguntamos porque na prosa realista essa é uma informação importante. Balzac introduziu essa dificuldade e ela ainda permanece.

Ludomir, Olsztyn

Pelos poemas enviados, pudemos deduzir que o senhor está apaixonado. Alguém disse que todo apaixonado é um poeta. Mas isso provavelmente é um exagero. Desejamos boa sorte na vida pessoal.

---

18   Pequeno realismo [Mały realizm]: corrente do realismo do período entreguerras, interessada nas pequenas realidades da vida cotidiana e social e em sua linguagem coloquial.

L-k B-k, Słupsk

De um poeta que compara a si mesmo a Ícaro devemos exigir mais do que podemos ver no poema enviado. O senhor não leva em conta que o Ícaro atual paira sobre uma paisagem distinta daquela da antiguidade. Ele vê as estradas pelas quais passam automóveis e caminhões, vê os aeroportos com suas pistas de decolagem, grandes cidades, portos amplamente desenvolvidos e outras realidades afins. E será que, de vez em quando, um jato não poderia passar zunindo perto de seu ouvido?

Ł. W., Cracóvia

Avaliamos poemas de amor, mas não damos conselhos em assuntos do coração. Se fosse em particular, claro que sim, mas nessa coluna devemos defender os interesses da poesia, que justamente floresce muito bem num solo de sentimentos mal alocados e num clima de certo desconforto psíquico. Numa palavra, se desejamos ler bons poemas, insistimos em pelo menos uma decepção por pessoa. Um talento verdadeiro saberá o que fazer com ela. Saudações cordiais.

M. S., Koszalin

«Criticaram-me, porque inventei a história e disseram-me que eu deveria escrever somente sobre o que me aconteceu na vida. Isso está certo?» Não está certo. Com tal suposição doutrinária, seria preciso condenar três quartos da literatura mundial. Nenhum escritor se serve apenas do enredo de sua própria vida. Utiliza os alheios quando dá, mistura com os próprios ou simplesmente inventa. Mas inventar significa para o verdadeiro artista o mesmo que imaginar com muita clareza, e, por sua vez, imaginar de forma tão clara assim significa o mesmo que vivenciar pessoalmente. Partindo desse princípio, Flaubert poderia declarar que ele era Emma Bovary. Se ele tivesse se deparado com tais enxeridos, que negam o direito do autor de inventar o tema, precisaria desistir do romance e ficar apenas sonhando que alguma sra. Bovary em pessoa viesse a escrevê-lo. E seria, naturalmente, um romance de uma grande escrevinhadora. Chega de teoria. Quando a senhora nos mandar os contos prometidos, não investigaremos a compatibilidade deles com seus dados biográficos, porque não somos um departamento de investigação, mas críticos literários.

Hen. Zet., Varsóvia

As mulheres de seus contos têm nomes diferentes, mas, fora isso, são idênticas e de uma igualdade terrivelmente desinteressante. Pelo amor de Deus! Andam por nossa pátria muitíssimas mulheres, não só bonitas, mas, além disso, corajosas, perspicazes, espirituosas e encantadoras ao conversar, e mesmo quando são umas megeras, são de altíssimo nível, o que as distingue favoravelmente no mercado mundial. Só que, de alguma forma, não têm sorte e não conseguem atingir a nossa prosa jovem. Nos textos, prevalecem de forma absoluta uns exemplares intelectualmente pobres, psicologicamente desleixados e que, no geral, despertam piedade pela falta de características individuais. Dá até pena do rapaz que precisa conversar com elas e depois ainda anotar tudo isso para enviar à redação. Talento o senhor tem, mas sorte com as mulheres, não.

EL M. T., Poznań

O poema de cinco páginas intitulado *Poeta* é desprovido de méritos literários, mas é um exemplo interessante de uma lenda que ainda persiste aqui e acolá sobre o poeta amante das musas, que caminha sobre rosas e nada nas águas de todas as riquezas do mundo. Querida sra. Ela, onde a senhora viu alguém assim? Pedimos o nome e o endereço desse semideus. Vamos lhe perguntar que editora lhe paga em ouro puro por cada poema, quem é a pessoa que não se cansa de lhe jogar flores e como é que se faz para ter sempre doces sonhos. Pois os poetas que conhecemos sonham todo tipo de sonhos, e além disso de vez em quando têm dor de dentes, problemas financeiros e uma tendência inata para uma vida não muito feliz. Alguns, é claro, desfrutam de uma coisa ou outra, mas não o tempo todo.

Piotr G., Cracóvia

O amor pelas mulheres parece ao poeta indigno da energia nele acumulada. O poeta decidiu amar somente a pátria. Comparando, por exemplo, a tal moça Grażyna com Cracóvia, como Cracóvia é mais linda! Em geral, seus colegas do curso noturno estão desperdiçando levianamente suas paixões, enquanto a pátria espera, sussurrando nos campos de cereais e soltando fumaça pelas chaminés das fábricas. O poeta não quer seguir as pegadas dos colegas e comunica sua decisão num longo poema dedicado a... quem? A quem, senão à frívola Grażyna?! Desejamos que, juntos, façam belos passeios por Cracóvia e arredores.

Helena B., Lublin
Respondendo à sua amável pergunta sobre qual dos poetas atualmente é considerado o mais interessante, comunicamos gentilmente que continua sendo Públio Ovídio Naso.

Al. M., Poznań
«O que podemos dizer aos conhecidos que afirmam não conseguir de jeito nenhum ler poesia contemporânea porque ela não é tão bela como os poemas de Słowacki?»[19] Provavelmente são pessoas para as quais a poesia não interessa de jeito nenhum, senão não falariam da poesia contemporânea como um fenômeno homogêneo. Mas existe um modo de lidar com elas. Provoca-se um debate na casa dos adversários. No momento em que nos esmagam com o nome do vate, bradamos, batendo palmas: «Ah, é verdade! Já ia me esquecendo completamente! Vocês poderiam me emprestar por um instante o livro do Słowacki? Preciso conferir o final de um poema!». Três vezes utilizamos esse truque, três vezes ocorreu de as pessoas não terem em casa essa poesia supostamente tão amada por elas. Então sorrimos amavelmente e nos despedimos dos consternados anfitriões.

J. W., Varsóvia
O senhor escreve com habilidade, mas superficialmente, sem estabelecer metas mais difíceis para si mesmo, sem querer superar o leitor em perspicácia psicológica ou experiência de vida. Vejamos, por exemplo, as viagens de carona. Juramos pela sombra de nossos antepassados que nunca estivemos em

---

19   Ver nota 16.

tal tipo de excursão, portanto, somos receptores ávidos de todas as informações e observações relacionadas a experiências desse tipo. E não aprendemos nada que nós mesmos não conseguíssemos imaginar sozinhos. Um bosque como outro qualquer, uma fogueira como outra qualquer, uma estrada como outra qualquer, uns pássaros não sabemos de que tipo... Com certeza o senhor continuará escrevendo, pode até ser que, em breve, alguma revista, cativada pelo apuro geral da narração, publique seu texto. Está mais do que na hora de elevar seu nível de autoexigência.

R, S., Olsztyn

A tentativa de rimar a história da Polônia em quase vinte estrofes não trouxe bons resultados artísticos. Mickiewicz clamava, na *Ode à juventude*: «Meça as forças de acordo com as intenções!», mas, antes de mais nada, ele era genial e sabia como fazer isso. E depois ele não previu os problemas que resultariam para nosso «Correio Literário». Recomendamos enfaticamente que o senhor amplie suas leituras, que não parecem ser numerosas. Conseguir uma máquina de escrever, o que o senhor julga muito promissor («tudo sairia muito melhor»), não é uma necessidade assim tão premente. A intenção de escrever poemas diretamente à máquina nos deixou preocupados.

O. H., Łódź

A ação da peça, como podemos ler nos comentários, ocorre nos dias atuais. Nós, no entanto, não nos deixamos enganar pelas aparências. O sr. Mateusz é o tipo de velho solteirão retirado de um depósito de quinquilharias literárias, enquanto a srta. Zosia é uma mulher fatal com a certidão de nascimento evidentemente falsificada — o clímax de sua atividade catastrófica se dá nos primeiros anos dos triunfos dramatúrgicos de Gabriela Zapolska.[20] É verdade que a todo momento alguém diz «cafofo» e «bacana», e até no ponto culminante do drama Zofia solta um grito sinistro: «Tudo balela!». Mas mesmo assim continuamos sem acreditar nem na verossimilhança da história, nem na verdade psicológica das personagens. A peça foi escrita exclusivamente sob a influência de leituras. Com certeza não é uma imagem da vida atual, como o senhor gostaria. Pedimos que nos perdoe a sinceridade.

LO-FM, Gdynia

Em cada poema consta a data e a informação de quanto tempo levou para ser escrito (com a precisão de meio segundo). Se esses dados são verdadeiros, e não temos nenhuma base para a desconfiança, então o senhor é, sem dúvida, o Zátopek[21] da poesia. Algumas dessas amostras são até vagos prenúncios de algo que poderia vir a ser um poema normal (*Escola do bosque*, *Otwock*, *Scherzo*). Imploramos que faça uma pausa na correria e, pelo menos por uma hora, reflita diante de uma folha de papel em branco. Uma experiência completamente nova e extraordinária espera pelo senhor.

---

20 Gabriela Zapolska (1857-1921): atriz, escritora, dramaturga e jornalista polonesa.
21 Emil Zátopek (1922-2000): atleta tcheco. Um dos maiores nomes do atletismo mundial, único homem a vencer as corridas de 5 mil e 10 mil metros e a maratona na mesma Olimpíada, em 1952.

Z. Ł., Brzeg

A transcrição para o polonês não reproduz fielmente a pronúncia francesa. Então vamos mostrar por alto. La Rochefoucauld se pronuncia: Larróch-fucô, com acento na última sílaba e uma leve inclinação da cabeça. Montaigne se pronuncia: Montêin, com acento na última sílaba e ajoelhando-se com um joelho só. Beijos.

Nikodem R., Bytom

Se o senhor de fato se chama Nikodem, então enviamos nossas felicitações pelo dia de seu santo, que será na semana que vem. Os epigramas dirigidos aos solteiros, o senhor pode lê-los para seus convidados no dia da festa, enquanto as mulheres estão ocupadas na cozinha, preparando os canapés. Talvez sejamos antiquados, mas insistimos que as mulheres não precisam escutar tudo.

Z. B., Lubiąż

Primeira história: enquanto trabalhava nas debulhadoras, um homem ficou tão distraído contemplando sua amada (desnudando-a mentalmente) que as engrenagens da máquina esmagaram sua mão. Segunda história: uma louca se afoga no rio porque lhe roubaram sua boneca de madeira preferida, da qual cuidava como se fosse filha. As histórias são curtas, nenhuma ultrapassa uma folha datilografada. Sugerimos sem mais delongas outras ideias: uma moça se envenena com gás porque o rapaz, seu eleito, não quer se casar. A velhinha cai embaixo do trem ao entregar um saquinho de balas para o neto que estava partindo para um acampamento de escoteiros. O carteiro cai da escada porque... Respeitamos e valorizamos a crônica de fatalidades do jornal como fonte de inspiração criativa, considerando que dela surgiram muitas obras literárias excepcionais. Para o senhor, no entanto, temos outro conselho: tente escrever alguma coisa sobre si mesmo, sobre sua vida e suas experiências.

Gen. F., Szczecin

Parece que a fábula sobre o Senhor Twardowski[22] já foi adaptada muitas vezes para o teatro infantil. Neste contexto, para nós é difícil avaliar sua versão. E neste caso uma companhia de teatro experiente, particularmente uma de bonecos, terá uma opinião cabal. Os versinhos são bonitos, mas são muito poucos. As artimanhas são muitas, e isso é bom. Só temos uma ressalva: a cada instante a senhora tenta enunciar lições de moral, e nem todas as circunstâncias são apropriadas. O próprio protagonista do título é o menos adequado para isso. Ele não cumpriu o acordo, o que, afinal, é muito feio. Por sua vez, o diabo fez tudo o que se comprometeu a fazer; ele agiu certo. Dá até pena pensar nas repreensões e tribulações às quais foi exposto pelas autoridades infernais por causa desse peralta do Twardowski, famoso, além disso, pelo primeiro pouso suave na Lua. Infelizmente, nesse caso, só o diabo deveria dar alguma lição de moral. Bem, mas talvez essa seja uma versão melhor para adultos, ou para crianças que fazem perguntas problemáticas.

---

22 Pan Twardowski [Senhor Twardowski]: personagem do folclore polonês, um feiticeiro que vendeu sua alma ao diabo em troca de poderes especiais e acabou indo morar na Lua.

SŁR., Osiek do Noteć

O senhor escreve o que se conhece por retratos da vida. São agradáveis e um pouco antiquados. Não há neles a pretensão com que muitas vezes temos que lidar ao ler os trabalhos que nos enviam. Mas tampouco há alguma tentativa de aprofundamento do tema. Dessa forma, ambas as histórias são descritas de forma ligeira e pitoresca, as personagens são apenas delineadas, somente o necessário para a ação, os diálogos são funcionais, mas também não muito interessantes, tudo correto, sem nenhum excesso. O senhor nos pergunta em qual tipo de prosa o senhor alcançaria os melhores resultados. Em nossa redação não temos, no momento, vaga para profeta, então tentaremos responder como pessoas normais, isto é, seres que muitas vezes se enganam: nós o aconselhamos a escrever para os jovens — quem sabe, no começo, alguma historinha de aventuras com ação bastante vívida? Esse mundo da apicultura e da caça, que, pelo que se pode apreender das descrições, o senhor bem conhece, poderia servir como pano de fundo para uma historinha vibrante e cheia de acontecimentos. Ainda existem jovens que se interessam pela natureza, e não só pela técnica e as expedições para a Ursa Maior.

Merlin, Słupsk

Na Polônia bebe-se muito e insensatamente. Mas será que tanto assim e tão insensatamente a ponto de, a cada dois contos, a personagem principal precisar ser um alcoólatra? O senhor tem talento narrativo. O diálogo, as situações, a evocação do clima de absoluta repugnância — o senhor tira tudo de letra. Só que já lemos muitas histórias semelhantes, com esse mesmo cenário, adereços e personagens. Já está mais do que na hora de o senhor nos surpreender com outra coisa. Propomos timidamente uma personagem que beba um pouco fora dos limites do conto e que, no conto, se ocupe de algum trabalho e que, por causa desse trabalho, lhe aconteça alguma coisa interessante. Que tal a novidade?!

E. F., Września

    Quando se discute a falta de emotividade da juventude de hoje, disfarçamos um sorriso. Sobre nossa escrivaninha empilham-se montes de declarações de amor expressas em palavras, da melhor ou pior forma, contudo sinceras, afetuosas, para todo o sempre. Quem sabe se à noite, quando a redação está vazia e às escuras, não se ouvem os suspiros, os soluços e os gemidos de desespero que se libertam por um instante do cativeiro do papel? Se assim for, suas histórias pertencem àquelas mais ruidosas. Em ambas, trata-se da morte causada pelo desapontamento amoroso. Não ousamos questionar o tema. No entanto, chamamos a atenção para o fato de que quanto mais dramático é o destino das personagens, tanto maior deve ser a perspicácia psicológica desenvolvida pelo autor. Permanece o mistério de por que o infeliz missivista de *Os anos perdidos* nunca tentou se encontrar com a amada. Isso é um tanto anormal, e, portanto, merece uma análise mais aprofundada. Vamos nos calar sobre o segundo conto; a ingenuidade nele contida ultrapassa as medidas da nossa coluna. O senhor quer saber se deve continuar escrevendo. Ah, temos certeza de que mesmo a mais estrita proibição não deteria um autor com uma imaginação como a sua. Portanto, escreva.

Meri, Cracóvia

A descrição da sessão espírita ganharia em profundidade se o senhor ao menos se compadecesse um pouquinho do destino daqueles espíritos notáveis. Sócrates, chamado do outro mundo para que a sra. Zosia pudesse saber com que números ganhar na loteria da festa do Lajkonik,[23] acaba por despertar compaixão e uma reflexão de alta relevância: vale mesmo a pena ser Sócrates, já que os viventes não conseguem guardar o devido respeito? Felizmente os espíritos não existem, caso contrário, a publicação de um *savoir-vivre* metafísico se tornaria uma necessidade de caráter urgente.

Leo W., Gdańsk

Valorizamos um romance com digressões, sobretudo se filosóficas. E particularmente se nele quem as faz é um «cientista extremamente talentoso», como o senhor define sua personagem principal. Infelizmente, o valor essencial dessas digressões é bastante insignificante. Pior ainda, o tal cientista tem um caos sombrio na cabeça. Só corrigimos aquilo que é possível apresentar em frases curtas: 1) Lineu não era romano, mas sueco; 2) os ensinamentos de Epicuro nada têm a ver com o epicurismo no sentido comum da palavra; qualquer outra pessoa talvez não, mas um intelectual ambicioso deveria saber disso desde quase antes de nascer; 3) Ptolomeu não era um cretino, mas um sábio que se equivocou. Já que isso é

---

23   O Lajkonik é um personagem tradicional da Cracóvia. Tem barba, veste-se com roupas no estilo mongol, monta um cavalo de madeira todo enfeitado e se apresenta nas praças públicas durante as festividades que ocorrem anualmente, na primeira quinta-feira após a festa do Corpus Christi.

apenas o começo do romance, que com certeza estará repleto de outras divagações, alertamos amigavelmente que entre a filosofia cartesiana e a visão de mundo de Descartes não há nenhuma discrepância em especial. Isso só por via das dúvidas.

Bożena F., Lublin

Como podemos ver, Adam Asnyk[24] é a seus olhos uma estrela de primeira grandeza no céu da poesia. Não compartilhamos dessa opinião, mas isso não é o mais importante neste momento. Estamos surpresos com o próprio poema, que, não fosse a dedicatória explícita no título, poderia ser atribuído com sucesso à memória de qualquer outro poeta dos tempos da sujeição da Polônia repartida. Pedimos que dê outra vez uma olhada em seu texto, mas friamente. Se a senhora quer render homenagem a seu poeta querido, então deve justificar sua escolha enfatizando as características de suas obras que se distinguem favoravelmente de outros poetas. Afinal, nós amamos pelas diferenças e não pelas semelhanças. Outra questão que surge nessas ocasiões é disfarçar-se com o estilo do adorado poeta. Tal método costuma dar resultados lamentáveis. Cem vezes mais ambicioso é falar a linguagem de seu próprio tempo e, na medida do possível, de um modo não emprestado de ninguém. Quem foi que disse que «é preciso seguir adiante com os vivos»?[25]

---

24   Adam Asnyk (1838-97): poeta e dramaturgo positivista polonês.
25   «*Trzeba z Żywymi naprzód iść*» [É preciso seguir adiante com os vivos] é um verso do poema «*Daremne żale*» [Vãs lamentações], de Adam Asnyk.

Michał B.

Lemos a narrativa com impaciência, porque o estilo não pressagiava nada de bom. No entanto, o final nos surpreendeu ao atestar sua sensibilidade psicológica. Nas novas tentativas, use as palavras grandiloquentes em doses homeopáticas, ou melhor, não as use de modo algum até nova ordem. A algumas, poderá voltar depois de certo tempo. A outras, como esses «absolutos da satisfação» e «infernos da dependência», nunca, em hipótese alguma, porque não são boas companhias.

Bolesław L-k, Varsóvia

Essas dores existenciais vêm-lhe com desmedida facilidade. Para nós, há demasiado desespero e profundidade lúgubre. «A profundidade do pensamento», escreveu nosso Caro Sr. Thomas (Mann, quem mais seria?), «deveria sorrir». Ao lermos *Oceano*, patinhamos numa lagoa rasa. Pense na vida como uma aventura extraordinária que lhe aconteceu. Esse, por enquanto, é o único conselho.

Autor de *O mundo do pianista*

Nós o aconselhamos, pelo menos durante alguns meses, a ler exclusivamente os grandes humoristas. Não será tempo perdido, porque, como se sabe, é um imenso prazer, um descanso para a imaginação exausta do próprio lirismo e, por fim, um aprendizado nada mau sobre o ridículo de qualquer seriedade exagerada. Depois desse tratamento o senhor lerá seus poemas com outros olhos. O humor em *O mundo do pianista* lhe parecerá extremamente forçado, e a metáfora «a vida nos lambe com a língua dos contrastes» não deixará seu autor orgulhoso uma segunda vez. Saudações.

71, Otwock

O rapaz anuncia à moça que precisa se separar dela. «Já que um extermínio nuclear nos ameaça», ele diz, «perdi a fé em tudo, nada mais tem valor para mim, é assim que eu sou, o que posso fazer? Adeus». E vai embora, mas nem de longe a um deserto: vai para outra moça, da qual gosta mais. A abandonada fica chorando e nem chora por ela mesma, mas apenas pelo rapaz, que é um filho do século tão sensível. Tudo bem, ela pode chorar, mas você, Autor, isso não lhe cabe. O senhor não reparou como esse Zbyszek é espertinho? O senhor não acha ridícula a desproporção entre a dramaticidade dos argumentos e a verdadeira causa da separação? E esse «espírito da época» evocado pela primeira situação problemática que calha de acontecer? O autor precisa ser um pouquinho mais maduro que seus personagens, precisa saber mais sobre eles que eles sobre si mesmos. Com esse lema gravado em letras douradas na alma, sente-se para escrever novos contos. Até os escritos dos laureados do Nobel também foram várias vezes rejeitados no início.

P. W., Wrocław

«Escrevo sobre mim, porque só conheço a mim mesmo. Não sei nada sobre o cara lá do outro lado da rua, que ontem acabou de voltar para a esposa amada e os três filhos, depois de uma aventura com umazinha qualquer. Tenho vinte anos, sou livre e estou esperando a Mirka. A Mirka é uma garota sensacional.» Um começo promissor.

Imaginamos, por um momento, que o narrador iria continuar comparando sua situação à situação do vizinho, que talvez tentasse vivenciar a aventura dele em dois planos: o seu e o do outro, mas não. O vizinho realmente desaparece do campo de visão. Começamos a participar de uns jogos, que não nos interessam, com... Bożena? Grażyna? Mariola? Quem era mesmo? Ah! Com a Mirka. (A gente confunde todas essas moças sensacionais de duas mil narrativas praticamente idênticas.) «Escrevo apenas sobre mim, porque só conheço a mim mesmo...» Imploramos que você deixe esse conhecimento para depois e, por enquanto, se interesse pelos assuntos alheios. O talento do prosador é a habilidade de sair da própria pele, é a capacidade de se tornar, em pensamento, alguém completamente diferente: um diretor de cooperativa, um ventríloquo de circo, uma mulher que espera um bebê, um operário enviado para fazer um curso, um viúvo ou uma menina de cinco anos.

Amaba

Seus poemas ainda deveriam permanecer na gaveta. Já existe a lua que parece um broche. Já se sentaram no carrossel as madonas. Os poemas também já foram trançados como grinaldas. Uma memória assim tão absorvente atrapalha o próprio trabalho.

Anônimo, Cracóvia

Em nosso monótono correio, raramente acontece algo tão sensacional assim. Lemos de um só fôlego, e é preciso admitir que o senhor tem uma imensa facilidade narrativa, um estilo transparente e a habilidade de fazer uma descrição de forma pitoresca, embora, por enquanto, bastante superficial. Já estávamos a ponto de pegar a caneta para encorajá-lo a escrever um romance de aventura, pelo qual nossas criancinhas esperam em vão, quando, de repente, no ponto culminante da história, descobrimos que sua principal ambição é aplicar sua própria teoria psicológica na prosa. E eis que surge vinda do céu para Colombo — personagem da narrativa que, depois de navegar por várias semanas, começa a duvidar se vai mesmo chegar a alguma terra e decide até retornar pelo caminho escolhido — uma figura etérea, que lhe diz: continue navegando. Tendo escutado aquilo, Colombo navega e chega ao destino. Pobres psicólogos, que consomem toda a sua vida na análise das condutas humanas! Entretanto, tudo é tão mais simples: consiste numa intervenção do outro mundo! Caro sr. Anônimo, não fique zangado por comentarmos assim brincando a narrativa escrita a sério. Mas é que acabou de aparecer aqui um espírito e ele nos declarou que isso será benéfico para o senhor.

M. K., Miastko

Não podemos avaliar as traduções enviadas sem conhecer os originais. Quanto a seus poemas, não revelam virtudes em particular. A forma é aparentemente atual, mas a atmosfera está saturada da ternura do modernismo polonês. «Nas teclas/ de um eu adormecido, a tristeza uma nova melodia/ toca...» Há muito tempo ninguém mais escreve assim, porque a sensibilidade também mudou, e cada nova época verifica com rigor as anteriores, mesmo na esfera das concepções mais aceitas, e, por fim, porque essa também nunca foi uma boa poesia. O depósito de quinquilharias literárias é espaçoso, e é fácil perder-se nele se não se tem muita resistência psicológica. Agradecemos a simpática carta.

J. St., Wrocław

Não conseguimos ficar impressionados com o clima de mistério e pavor indefinido que paira sobre a narrativa intitulada *A lagarta*, porque esse pavor foi emprestado de Kafka e, como costuma acontecer com as coisas emprestadas, não está sendo utilizado adequadamente. Que sorte que o proprietário não vai exigir a devolução!

Rob. W., Białystok

Não, não e não! Ninguém escreve «para si mesmo», para que essa mistificação? Tudo, desde o anúncio que «o *Jozé* é burro», escrito com giz no muro, até *José e seus irmãos*,[26] surgiu de um desejo irresistível de impor aos outros seus próprios pensamentos. «Para si mesmo» a pessoa escreve, no máximo, os endereços num caderninho de anotações, e, se tiver um espírito forte, então também anota as dívidas contraídas.

Z. H., Poznań

Os problemas com a evolução da linguagem coloquial não são um tema corriqueiro. Ficamos felizes que haja pessoas capazes de datilografar rapidinho a esse respeito uma carta de quatro páginas em papel ofício. Preocupa-nos

---

26 Referência ao romance em quatro partes escrito por Thomas Mann, entre 1926 e 1943.

também essa invasão da terminologia burocrática, que pouco a pouco todos estão começando a usar no dia a dia em circunstâncias que absolutamente não combinam com ela. É um discurso excepcionalmente pobre, impessoal, que não serve para expressar algo com precisão, mas, ao contrário, para evitar qualquer tipo de precisão. Entretanto, não nos preocupam tanto as expressões de origem estrangeira; qualquer língua civilizada apresenta muitas delas, e, apesar disso, mantém sua individualidade. É claro que num exemplo como este: «o armazenista estava com uma pessoa comendo chocolate num caiaque», o primeiro substantivo é de origem árabe, o segundo, etrusco, o terceiro, asteca e o quarto, esquimó. Mas não é emocionante que, às vezes, uma coisa dessas aconteça nas férias em Pupy?[27]

Dr Ł. K.

Quando éramos crianças, não tínhamos nenhuma simpatia por versinhos sobre bonequinhos de neve e espantalhinhos para pardaizinhos. Também não tínhamos o menor interesse sobre o que a tampa disse para a panelinha e o que a panelinha respondeu a ela. Não ficávamos curiosos para saber com quem a colherzinha de pau ia dançar nem que instrumento o besourinho tocaria para ela, e, particularmente, tratávamos com uma indiferença desdenhosa a primaverinha, nossa princesinha, que vai por aí pelo verde relvado. O que nos divertia, entretanto, eram as aventuras de pessoas bizarras (e os duendes e os gigantes eram os prediletos) e eram

---

[27] Pupy é o nome de uma reserva florestal na Polônia e também o nome de uma aldeia na região da Masúria. Ao mesmo tempo, é o plural de «pupa», palavra usada coloquialmente significando «bumbum».

essas as histórias que podiam nos dar medo de verdade ou fazer rir com vontade. Até hoje essa nossa preferência não mudou. Pedimos desculpas.

K. O., Poznań

Não, com certeza, Alexandre Pushkin não é o autor de *Canto da campanha de Ígor*. Essa pressuposição não poderia ter passado pela cabeça de nenhum dos pesquisadores que (até hoje) debatem sobre a origem dessa epopeia, pela simples razão de que ela foi descoberta num monastério, ainda nos tempos de Catarina II, por um pesquisador chamado Musin-Pushkin. O falso boato foi causado então pela coincidência do sobrenome. Aquele Musin-Pushkin (que não era nenhum parente do Alexandre de cabelos encaracolados) redigiu para a imperatriz uma cópia do manuscrito encontrado. Felizmente, já que o «original» se queimou logo depois num incêndio. Escrevemos «original» entre aspas, porque provavelmente ele também era apenas uma cópia cheia de deturpações e interpolações de copistas desconhecidos.

Fr. O., Bytom

O senhor escreveu uma sátira bombástica sobre as secretárias: que elas se maquiam, fazem o cabelo e pintam as unhas de vermelho. O que significa implicitamente que se tivessem uma maçaroca na cabeça e usassem um cilício, aí então trabalhariam muito bem. O senhor é um antiquado. Não podemos falar das outras, mas a antiga poesia polonesa está repleta de deboches sobre o pó de arroz e o ruge nos rostos das mulheres. E isso, meu senhor, é engodo e basta! Até o Vate zomba com bondade de Telimena, embora ele mesmo, se posto contra a parede, teria de admitir que ela era superior em graça à cândida Zosia.[28] Hoje em dia, Telimena seria a secretária do diretor de uma grande empresa, daquelas secretárias que têm mil e quinhentos assuntos administrativos na cabeça, que dão conta de tudo e ainda conseguem estar sempre sorrindo. O senhor não tem Deus no coração, é isso.

Sultão

«O melhor poema de amor/ vale tanto quanto uma lata de conserva jogada no lixo»... Dá para perceber aqui o exagero de alguém da idade do *beat*. Nós já passamos dessa fase. Lembramo-nos imediatamente de dezenas de poemas de amor, para os quais a comparação com uma lata jogada no lixo é extremamente duvidosa. Por exemplo, alguém há muito tempo escreveu: «Pois esta é a mais brilhante glória do poeta,/ que até o adeus em memorial sabe mudar./ O pranto dessa página nem em séculos se aquieta,/ e as lágrimas não lhe hão de faltar».[29] E aí? Essa estrofe ficou feia com o passar dos anos?

W. H-k, Przemyśl

Estamos respondendo com grande atraso porque as cartas nos chegam em quantidade maior do que temos espaço nesta coluna. Porém, essa resposta será muito apropriada para o Dia da Mulher do ano que vem. De fato, a senhora listou com bastante meticulosidade todas as mais proeminentes

---

28   Telimena e Zosia são personagens da epopeia *Pan Tadeusz* [O senhor Tadeu], escrita por Adam Mickiewicz (1798-1855).
29   Trata-se do fragmento de um poema de Juliusz Słowacki. Ver nota 16.

escritoras europeias, de Safo até Hermenegilda Kociubińska.[30] Mas o mundo não acaba na Europa. No Japão, por exemplo, havia enxames de boas poetas, e nos séculos x-xi, pelo menos três ótimas prosadoras, uma das quais escreveu o primeiro romance contemporâneo, reconhecido até hoje como uma obra-prima dos clássicos japoneses. Essa maravilhosa mulherzinha de quimono se chamava Murasaki Shikibu. Ela residia na corte imperial e observava com perspicácia o que acontecia à sua volta. Na bela antologia da literatura japonesa organizada por W. Kotoński, ela ocupa um dos lugares de destaque. Quem sabe um dia teremos a oportunidade de vê-la publicada num volume exclusivo. Enviamos nossos cumprimentos, sem dúvidas.

Maciej JI., Kielce

Os cafés como locais de estadia permanente «de escritores alienados da vida» têm sido há anos um tema preferido de polêmica. Esse tema já foi tão explorado que, por sua vez, ele próprio se alienou da vida. O que estranhamente ocorre é que os literatos nossos conhecidos, que conseguiram se livrar das mais elementares dificuldades de moradia, só para contrariar não ficam sentados em nenhum café, porque não têm tempo nem vontade. E, por fim, quando às vezes é preciso se encontrar com alguém por uns momentos, onde então supostamente se deve fazer isso? Na fila do arenque? Gostamos de mitos, mas dos gregos.

---

30 Hermenegilda Kociubińska é uma poeta fictícia criada pelo poeta e escritor Konstanty Ildefons Gałczyński (1905-53), e uma das principais personagens de suas minipeças satíricas, que compõem o tomo *Teatrzyk Zielona Gęś* [Teatrinho do Ganso Verde].

Jak-nam, Legnica

A forma «faça isso» é realmente muito mais imperativa do que «por favor, faça isso» ou «você poderia fazer isso?». Partilhamos da sua opinião de que ouvimos com demasiada frequência no dia a dia a forma mais imperativa em detrimento da expressão «por favor». No entanto, as formas imperativas de modo algum devem desaparecer do dicionário por «respirar uma tradição senhoril e burguesa da pior espécie», como o senhor supõe. O senhor foi longe demais. Afinal: «Que te guiem a poderosa senhora de Salamina,/ a clara aurora, os irmãos da virtuosa Helena/ e o rei dos ventos, que não mais uivando,/ somente a brisa suave vá soprando...»[31] E com a expressão «me parece que», que da mesma forma o enerva nos programas de rádio e televisão (já que apenas ao pequeno Jasio algo pode «parecer que», e o Jan adulto deve saber com certeza),[32] o assunto é ainda mais complicado. O senhor deveria citar exemplos de usos infelizes. É claro que se o diretor de uma fábrica diz aos telespectadores: «Me parece que a nossa fábrica produz máquinas», isso seria o cúmulo da cautela. Mas se um crítico literário diz: «Me parece que nossos escritores são capazes de escrever livros melhores», então é correto que lhe pareça assim. Enviamos nossas saudações.

---

31 No original em polonês: *Niechaj cię wielowładna pani Salaminy,/ Niech jasne zorze, bracia cnej Heliny,/ Niech król wiatrów prowadzi, a zawarłszy* żwawe,/ *Wypuści tylko powiewy* łaskawe..., tradução dos *Cânticos de Horácio* por Adam Naruszewicz (1733-96), jesuíta polonês, escritor, dramaturgo e historiador.

32 Refere-se ao dito popular: *Czego Jaś (Jasio) się nie nauczy, tego Jan nie będzie umiał*, que pode ser traduzido como «Aquilo que Joãozinho não aprender, João não vai saber fazer».

Br. K., Laski

Por todas as suas prosinhas poéticas aparece a personagem do Grande Poeta, que cria suas obras extraordinárias durante a euforia alcoólica. Podemos supor por alto quem o senhor tem em mente, mas definitivamente o nome não nos interessa, apenas essa convicção ilusória de que o álcool ajuda a escrever, atiça a imaginação, aguça a espirituosidade e ainda realiza muitas outras manipulações úteis no espírito do vate. Caro sr. Bronek, nem esse poeta, tampouco os outros que conhecemos pessoalmente — enfim, nenhum poeta escreveu nada de bom sob a ação direta da purinha Wyborowa. O que é bom surge sempre quando se está sóbrio, sem aquele delicioso zumbido na cabeça. «Inspiração eu tenho sempre, e depois de beber vodca a cabeça me dói», dizia Wyspiański.[33] Se alguém bebe, bebe entre um poema e outro. Essa é a crua realidade. Se, em todo caso, o álcool fosse coautor da grande poesia, um em cada três cidadãos do nosso país seria pelo menos um Horácio. E assim nos coube derrubar mais uma lenda. Esperamos que o senhor consiga sair são e salvo debaixo dos escombros.

W. K., voivodia de Katowice

Não sabemos se foi publicado na Polônia um Manual do Discurso, no qual haveria modelos de alocuções apropriadas aos mais variados tipos de inaugurações, encerramentos, apresentações, saudações, despedidas e questões de ordem como, por exemplo, se devemos abrir a janela para

---

[33] Stanisław Wyspiański (1869-1907): escritor, dramaturgo, poeta, pintor e arquiteto, representante do modernismo polonês, considerado um dos maiores poetas da Polônia.

arejar a fumaça dos cigarros. Nossos conselhos são estes: dizer sucintamente apenas aquilo que se sabe e que se considera importante. Porém, acima de tudo, falar de cabeça e com o coração, e não lendo. Participamos de muitos enterros em que umas poucas frases simples e fraternais do tipo «Adeus, querido companheiro e amigo» foram lidas de um papelzinho, e isso nem sempre fluentemente. Tais costumes dissuadem até de morrer.

W. e K., de Koszaliński

Convidados na condição de árbitros de uma polêmica sobre a iluminação de encontros literários, se o clube deve empregar lâmpadas ou velas, esclarecemos que preferimos as lâmpadas. Por mais importante que seja criar um clima, as velas nos parecem um tanto pretensiosas e dão a sensação de saciedade civilizacional, o que ainda não tem justificativa suficiente aqui na Polônia. Além disso, se o autor não só fala, mas também lê, então é com dificuldade que enxergará as linhas certas. Sem mencionar que o rosto do autor iluminado à luz de velas de baixo para cima transforma-se imediatamente no rosto de um inimigo do povo dos filmes romenos. Enviamos às senhoras nossas saudações, de forma alguma desprovidas de cordialidade.

Wald., Varsóvia

Da ousadia, nós gostamos; da opinião, não partilhamos. Por que motivo os conselhos sentimentais deveriam ser banidos das revistas femininas? Eles têm caráter humano e necessário, já que chegam tantas cartas. Ah, porque nem sempre são dilemas ao nível de Anna Kariênina? E daí? Nós lhe asseguramos que o nível é tão alto quanto o Himalaia em comparação com o correio sentimental das revistas francesas. Certa vez nos caiu nas mãos um número da *Elle* no qual certa senhora expunha seu tormento: «Ouvi dizer que na guerra os homens não são fiéis às suas esposas e andam com mulheres de ocasião. Agora se fala muito em guerra, então tremo ao pensar que meu marido poderia me trair». Uma preocupação, como o senhor pode ver, nada insignificante. Cordiais saudações.

Liceu de ensino médio geral nº 88, Nowa Huta

O senhor escreve com desdém sobre sua atual profissão «não poética», sem nem especificá-la com mais detalhes, como algo indigno de atenção. Essa relutância em mencionar a própria profissão é um fenômeno bastante comum hoje em dia. Por acaso, moramos num prédio que vem passando por uma reforma geral há anos. Dezenas de operários da construção civil passam pela casa. Batem na porta e à pergunta «quem é?» nenhum deles menciona a profissão: que é o pedreiro, o carpinteiro, o serralheiro ou o encanador. Respondem: «o homem dos canos», «é pro problema do teto» ou «vim pra ver as esquadrias»... Que pena, porque a profissão de pedreiro tem uma tradição respeitável e a profissão «é pro problema do teto» não existe e nem nunca existirá. Recentemente, uma onda de falsa vergonha nos leva embora os carteiros bem diante do nosso nariz. Agora, quem carrega as cartas são os «mensageiros». Reconheceremos isso como fato consumado se alguém nos explicar o que há de desonroso no nome «carteiro».

Maria Dorota

A senhora nos recrimina pelo ataque às adaptações teatrais dos romances. «Afinal, Shakespeare», lemos, «também adaptava tudo o que podia!» Sim! O problema é que ele fazia adaptações de coisas ruins para melhorá-las, e agora, nos teatros, fazem-se adaptações de coisas boas para piorá-las. Já estamos chegando ao ponto de «adaptar Shakespeare para o palco», como Tadeusz Różewicz[34] percebeu com a perspicácia que lhe é própria. Saudações.

H. Z., Cracóvia

Lamentamos com o senhor a «machização» idiota dos sobrenomes das mulheres em polonês.[35] O senhor nos quer ver soar o sino de alarme. Estamos soando. Nós mesmos sonhamos à noite com livros escolares, nos quais poderemos ler que Mickiewicz amava Wereszczak,[36] que Prus e Orzeszko[37] são positivistas e que Zygmunt August ficou viúvo de Radziwiłł.[38] Mulheres, não permitam isso! Continuem a assinar seus sobrenomes: Radziwiłłówna, Wereszczakówna, Orzeszkowa! Os tempos de agora são

---

34 Tadeusz Różewicz (1921-2014): grande poeta e dramaturgo polonês.
35 Os sobrenomes femininos em polonês podem assumir formas flexionadas pela adição de sufixos diferentes caso a mulher seja solteira (ówna) ou casada (owa). Assim, por exemplo, o sobrenome Nowak é a forma masculina, Nowakówna é a forma adotada para mulheres solteiras, e Nowakowa, para mulheres casadas.
36 Adam Mickiewicz (1798-1855), poeta, e Maryla Wereszczakówna (1799-1863), sua paixão juvenil.
37 Bolesław Prus, codinome de Aleksander Głowacki (1847-1912), escritor, e Eliza Orzeszkowa (1841-1910), escritora.
38 Zygmunt II August (1520-72), rei da Polônia, e Barbara Radziwiłłówna (1520/23-51), sua segunda esposa.

tais que ninguém por esse motivo as acusará de solteironas ou de pertences exclusivos do marido. Em vez disso, seus sobrenomes soarão melhor em polonês e na forma feminina. Deixem gentilmente a forma «Wereszczak» para as recordistas de lançamento de martelo, cujo sexo, por falta de interessados, não é determinado.

M-Ł, Varsóvia

Não prevemos uma coluna permanente para obras em esperanto. Esse é um idioma artificial, não diversificado socialmente, com o qual não se pensa e que não é usado no dia a dia. Não cremos, portanto, que as obras escritas nessa língua possam ter importância real. Partilhamos do seu sonho de uma língua humana comum; no entanto, esperamos que ela surja algum dia como resultado da evolução pacífica (tomara!) de todas as línguas. Não julgamos, entretanto, que a falta de um idioma universal seja a causa de todas as guerras. A história e a experiência cotidiana negam isso. Por exemplo, neste exato momento, o sr. A. está batendo com a cabeça do sr. B. no portão, apesar de unidos pelo mesmo palavreado de baixo calão.

T., Cracóvia

«Calculei (sou estatístico de profissão) que a cada mil palavras, em média, usam-se 6,0874 vezes as palavras *praktyka*, *praktyczny*[39] e derivadas. Cerca de trezentas vezes numa lauda, 3 mil vezes em dez laudas. Os franceses escrevem *pratique*, por conseguinte, as palavras acima deveriam ser em polonês

---

39 *Praktyka* é o substantivo «prática», enquanto *praktyczny* é o adjetivo «prático».

pratyka e *pratyczny*. Considerando a produtividade anual média de impressos, teremos uma economia de 8.483.010 caracteres, o que, multiplicado pelo número de impressos na Polônia e convertendo para zlótis, alcançará 1.255.000 zl. ao ano. Gostaria de salientar que adotei as taxas mais baixas. Então talvez esse assunto valha a pena para aqueles em cujo coração reside o bem da nossa Pátria. Peço que despertem o interesse das instâncias competentes por essa questão.» Finalmente ficamos sabendo por que os franceses têm a Torre Eiffel e os gregos, com a sua *praksis*, apenas umas ruínas.

B. K. L., Zgierz

Não é bom quando de repente uma palavra fica tão na moda que erradica todas as outras de significado semelhante. Isso não renova a linguagem coloquial, pelo contrário, empobrece-a e priva-a de matizes e flexibilidade. Por exemplo, pouca gente diz que algo é «numeroso», que há «muito» de alguma coisa ou «mais». Diz-se «um monte». Da mesma forma, cada vez menos existe um fato que «ocorre», «sucede», «realiza-se» ou «tem lugar». Agora tudo «acontece». Lendo seus textos, presume-se que a língua polonesa tem cerca de duzentas palavras, ou seja, é a língua menos desenvolvida do mundo. Há pessoas para as quais essa quantidade de palavras é mais do que suficiente — por exemplo, os autores de circulares oficiais. Ocorre, no entanto, que a abnegação desses redatores faz-se cada vez mais contagiosa.

Ka-ma

Agora Alice não *tem* mais um gato, ela *possui* um gato. A carreira dessa «possessão» um tanto patética desenvolve-se com impetuosidade. Essa palavra até pouco tempo atrás se referia a uma propriedade grande e bastante durável. Atualmente «possui-se» até uma passagem de bonde... Só que, neste caso, o que é que a pessoa mera e simplesmente tem? Não possuímos a menor ideia.

Br. Z-ki, Gdańsk
A clássica solteirona era um ser sem dote, condenada à decrepitude e à inatividade ao lado de seus pais. Não lhe era apropriado ter uma profissão e viver por conta própria. A vida da solteirona era um inferno. Cada Carnaval lhe trazia uma nova humilhação, cada ano que passava indiscutivelmente a afastava cada vez mais da esperança do matrimônio e da maternidade. Riam da solteirona. Riam da desgraça alheia — ou seja, um tipo de riso muito ruim. No conto «Tempos cracovianos», o senhor apresenta a personagem da solteirona como um elemento de humor. Mas não conseguimos achar a menor graça.

L. I. P., Koszalin
Já no dia seguinte à morte de alguma personalidade eminente começam a chegar poemas compostos em sua homenagem. Por um lado, essa rapidez nos comove, porque testemunha a relação afetiva do autor com o falecido. Por outro, entretanto, suscita desconfiança a respeito do valor artístico da obra. A pressa, salvo raríssimos casos, cria produtos semiacabados. Pois qual é a primeira coisa que se apodera da caneta? É o que já está pronto de antemão, são, antes de tudo, as banalidades, as convenções ultrapassadas e o *páthos* de quarta mão. Um impulso sincero de nada serve se é expresso por um

lugar-comum. E, de regra, um lugar-comum se parece assim: «Partiste e já não estás aqui, mas, embora não estejas aqui, a tua obra permanece». Um estratagema utilizado com deleite em tais circunstâncias é dirigir-se ao falecido pelo prenome, como se a morte fosse uma espécie de *bruderschaft*».[40] Em razão da morte de Xawery Dunikowski[41] já chegaram muitos poemas dedicados à sua memória. Todos o informam que ele foi e continuará sendo um grande escultor, e fazem isso invocando-o pelo prenome, escrevendo Ksawery. Que tal tratar o poema como uma escultura e fatigar-se um pouco até que o pensamento atinja sua forma final e única?

Reg. L., Cracóvia

Os valores educativos de *Nossa patota* são muito questionáveis. Essa «patota» composta de oito amigos persegue com seu enxerimento certo colega, que lhes parece um tipo suspeito só porque não quer se juntar àquele grupo tão entrosado, porque prefere fazer caminhadas solitárias, ler um livro no bosque e porque é o primeiro que escapa de todas as farras escolares e extraescolares. A patota quer fazê-lo feliz à força, mostrar-lhe os benefícios incomensuráveis (em sua opinião) das diabruras coletivas. Por fim, o segredo é esclarecido: o rapaz foge dos colegas porque é doente do coração. Desse modo, a senhora infunde nos jovens leitores

---

40 *Bruderschaft* em alemão significa «fraternidade», e é também um rito cerimonial em que as pessoas primeiramente se apresentam dizendo seu nome e depois bebem um copo de bebida alcoólica e se beijam, abandonando, em seguida, o tratamento formal de senhor e senhora, passando a usar tu ou você.

41 Xawery (que se pronuncia Ksawery) Dunikowski (1875-1964): escultor, pintor e pedagogo polonês.

a convicção de que apenas uma doença grave justifica a tendência a meditar sozinho. Quer dizer que se o rapaz fosse saudável nada justificaria seu modo de agir? O conto ensina a falta de respeito pela alteridade e a meter insistentemente o nariz na vida alheia. Lança uma tese duvidosa de que a procura de tranquilidade e silêncio é um sintoma anormal que é preciso contra-atacar energicamente. Tenha dó!

Z. O., Olsztyn

O verso livre foi inventado antes ainda da fundação do nosso semanário. Quanto ao prosaísmo, há séculos a poesia não faz outra coisa que não seja se tornar mais prosaica e se libertar das poeticidades existentes. Mas, é claro, todas as vezes cria novas regras e novos vícios da imaginação, dos quais, por sua vez, também se libertará, e assim por diante. Por fim, será que o mais importante realmente é classificar uma dada obra em um determinado gênero? Não vale a pena às vezes lê-la, independentemente de ser poesia elevada ou reles prosa? Talvez seja apenas interessante e expresse algo muito atual, não é?

I. G. P., Cracóvia

Michelangelo agradece cordialmente o poeminha a ele dedicado de dez sextilhas rimadas com finesse. No entanto, pediu que no futuro não escrevessem sobre ele exclusivamente como um artista infeliz, que passou a vida atormentado e não experimentou nenhuma alegria, pois ele chegou à conclusão de que sua vida foi completamente suportável, já que pôde criar tantas obras que perduram até hoje. O artista realmente infeliz é aquele que não deixa nada atrás de si.

Baśka

«Meu namorado diz que sou bonita demais para escrever bons poemas. O que vocês acham desses em anexo?» Achamos que você é realmente uma moça linda.

Tomasz K., Chelm, Lublin

«Por acaso escrevi vinte poemas. Gostaria de vê-los publicados»... Infelizmente o grande Pasteur tinha razão quando dizia que o acaso favorece apenas as mentes preparadas. A Musa encontrou o senhor espiritualmente desalinhado.

K. T., Łódź

«Amo tudo que é belo, nobre e elevado/ Amo a noite e o jasmim/ E amo teu olhar sempre animado/ Que transformo em carmesim...» Gostaríamos de saber como se faz isso e com que propósito.

C. P., Szczecin

«Em relação à cor verde, sou como um amante num filme erótico. Sinto um enorme desejo de estabelecer as bases para a trama de um romance em homenagem ao meu amigo especialista em cibernética.» Com essas palavras inicia-se o capítulo *Desespero atroz*. Esse título substitui nossa avaliação.

Roland, voivodia de Lublin

É com dificuldade que a questão da falta de sentido da vida consegue se desenvolver na rima «palco — catafalco». Melhor explicar esse tema fazendo mímica.

E. C., Gdańsk

«Sinto saudade da vida, embora viver eu não consiga (ci)/ Sinto saudade da cerveja, embora beber eu não consiga (ci)»... As variantes propostas entre parênteses nos parecem mais fracas.

Bolek, Bochnia

Seu *Salto em distância* não qualificou o senhor para as quartas de final. Até um desportista, que dirá um poeta, deveria saber que o verbo «ir» se rege pela preposição «a».

Tysiąc, Mazury

«Não é difícil fazer rima quando a verdade a estimula», escreveu Opaliński[42] em suas sátiras. Ai, ai, ai! Ele não foi redator do «Correio», senão mudaria de ideia. É muito mais fácil fazer rima quando pensamentos vazios a estimulam.

T. K., Płock

Em último caso, uma história pode não ter princípio nem fim, mas o meio nos parece essencial.

Elwira, Puck

A principal virtude do conto intitulado «Carícia» é que não foi escrito em versos. O mesmo não se pode dizer do poema intitulado «O sacerdote e a moça».

---

42 Krzysztof Opaliński (1609/11-55): poeta, escritor satírico e político polonês.

T. G., Wrocław

«Ao som da cascata elevada/ me embriago na negra imensidão à mesinha verde da pousada/ bebo cerveja — nojo e aversão...» De fato, nossa cerveja não tem boa fama.

Honorata O.

«Oh, Quixote, meio louco de solidão, carrasco, mesmo nos braços de Ofélia, serás meu irmão!...» Será que Telimena, raptada por Fausto para Troia, realmente não se oporá a isso?

Wiesław Cz.

O poema intitulado *Do* ápisse *da montanha* não terá êzito em nenhuma redação.

A. K., Słupsk.

«Envolve nossa ilha um ciclope de paixões...» Que coisa terrível! Mas, mesmo assim, melhor do que um ciclone de um olho só.

B. J., Gdańsk-Oliwa

Adoramos cães e temos uma verdadeira queda pelo número três desde criança. Apesar disso, o título *Os três ca-xorros* não nos encorajou a continuar a leitura.

Luda, Wrocław

É verdade que Paul Éluard não sabia falar polonês, mas será que ao traduzir seus poemas é preciso enfatizar isso tanto assim?

Żegota, Białystok

Se formos publicar, pedimos que nos envie o endereço atual de Kazimierz Przerwa-Tetmajer,[43] para que possamos remeter-lhe 80% dos honorários autorais.

P. G. Z., Wałbrzych

Desde que ficamos sabendo que o pai do Magrinho era o capelão da banda do corpo de bombeiros, temos medo de continuar a ler. E se o tio paterno, por sua vez, vier a ser o veterano que curava as vacas?

A. S., Ciechanowice

Final do poema sobre a primavera: «Amo a natureza e ela me ama também/ sempre entre nós as coisas ficarão bem». Já decoramos e incluímos em nossa coleção de lemas da vida preciosos. O resto da obra, infelizmente, é mais fraco.

A. M-K, Wrocław
Caro Anzelm, de lugar tão florido,
Seu poema não será deferido,

---

43 Kazimierz Przerwa-Tetmajer (1865-1940): poeta e escritor representante do modernismo polonês.

Pois, apesar de seu nobre sentido,
Há nele algo bem aborrecido.

Marcus, Limanowa

Na primeira parte do poemeto, a mulher má arranca o coração ensanguentado do protagonista e o joga na lata de lixo, onde ele é devorado por um rato. Na parte final, o protagonista confessa à mulher má que está pronto para perdoar-lhe tudo e que seu coração continua batendo somente por ela. Ter um coração sobressalente é uma ocorrência extremamente rara. Acreditamos que vá despertar o interesse do mundo científico.

Pegaz, Niepołomice

O senhor pergunta em versos se a vida tem *centido*. O dicionário ortográfico dá uma resposta negativa.

«Homo», Trzebinia

O senhor nos pergunta qual é nossa opinião sobre Homero. Até o momento é a melhor possível. Por quê? Aconteceu alguma coisa?

Mimu, Cracóvia

Nenhum de nós conseguiu decifrar os manuscritos que o senhor nos enviou, que, a princípio, supomos serem poemas. Somente na farmácia conseguiram lê-los. Os medicamentos podem ser retirados na secretaria da redação.

Wanda Kw., Gdańsk

Lamentamos informar que esse escritor é casado. Não temos ideia por quê.

W. Karb, Cracóvia

O senhor nos pergunta para que um poeta contemporâneo precisa de Kochanowski.[44] Para ser lido.

A. B., Kielce

O primeiro poema escrito na vida e a senhora já envia para avaliação? De fato, cedo demais. Essas duas estrofes sobre os lilases podem ter valor apenas para aquele a quem são dedicadas. Se não a convidar para um passeio, vamos acertar as contas com ele. Tenha cuidado, rapaz!

G. M. Wit., Varsóvia

Ah, quer dizer que os amigos o chamam de «o novo Lec»?[45] Isso é uma prova de que nem tudo que é novo é melhor.

P. G. Kr., Varsóvia

É absolutamente necessário trocar de caneta. Essa, com a qual o senhor escreve, comete muitos erros. Com certeza é estrangeira.

---

44   Ver nota 3.
45   Stanisław Jerzy Lec (1909-66): escritor satírico, poeta e aforista polonês.

J-M. K., Myślenice

O poema, no momento, está desatualizado. Ainda continuamos escrevendo: arremesso, besouro e apossei-me. Se ocorrerem na ortografia quaisquer modificações vantajosas para o senhor, não deixaremos de informá-lo numa carta em separado.

«Astra», Katowice

É possível que há cem anos o senhor obtivesse da redação uma resposta assim: «Vai em frente, mancebo! Em teus poemas chilreia um tom sonoro e próprio, anúncios de uma nova poesia retratam-se em vicejantes cores...» Hoje em dia não podemos escrever assim. Cem anos de atraso, tarde demais.

Welur, Chełm

«A prosa enviada trai meu talento?» Trai. Ainda bem que foi antes do casamento.

Melissa V., Cracóvia

Tudo neste mundo se desgasta pelo uso contínuo, exceto as regras gramaticais. Use-as com mais ousadia. Não vai faltar pra ninguém.

A. P., Białogard

«Eu *tenho suspiro* a ser poetisa!» «Neste caso, eu *tenho gemido* de ser redator.»

Karol C., Cracóvia
O senhor tem razão, o outono é tão triste!

J. Grot
«Posso escrever para fortalecer os corações?» Mas é claro! Desde que com letra legível ou à máquina.

E. Ł., Varsóvia
Senhora, tente se apaixonar em prosa.

Malina Z., Krynica
«Mudem tudo o que quiserem, mas publiquem!» Mudamos tudo completamente e o resultado foram as *Líricas de Lausanne*.[46] Infelizmente, já foram publicadas.

S-o., Lesbos
Mas isso são somente trechinhos, fragmentos, pedacinhos! Como podemos julgar o valor desses poemas, se a um lhe falta o início, a outro, o final, e aqui e acolá algumas palavras soltas? Estamos muito surpresos por a senhora, professora de profissão, ter uma atitude tão descuidada com seus próprios escritos. Pedimos que nos envie poemas mais uma vez, depois de examiná-los cuidadosamente e fazer as complementações necessárias.

---

46 *Liryki lozańskie*, de Adam Mickiewicz.

Lucr., Roma
O quê? Filosofar em versos? Desonrar com o raciocínio a essência sagrada da Poesia? Os críticos não vão aceitar isso.

Pub. Corn. Tac., Roma
A história de Roma nos interessa, logo, é claro, lemos tudo. Bastante divertido. Apenas um senão: por que o senhor atualiza obsessivamente algumas tramas?

M. E. De Mont
Seus *Ensaios* são constituídos por intricadas exibições eruditas e considerações caóticas sobre tópicos soltos. Não há neles nem sombra de composição, quanto mais uma tendência meritória à concisão. Por que o senhor não experimenta escrever epigramas, que são o exercício perfeito da expressão simplificada do pensamento? O leitor atual é impaciente, prefere as formas curtas e, na medida do possível, engraçadas. A extensão de suas divagações nos tira do sério.

W. S., Londres
É uma pena que, antes de começar a escrever essa tragédia, o senhor não tenha aprendido mais sobre as condições vigentes na Dinamarca feudal. Infelizmente, o senhor desistiu das probabilidades em prol do sensacionalismo. Um exemplo nítido disso é o Espírito do Pai, sem cuja indisfarçada provocação toda essa historinha, de forma alguma, teria lugar. Materialistas que somos, consideramos que os espíritos nunca dizem a verdade. Por isso não podemos dar

crédito à intriga urdida no outro mundo e acompanhamos com dó as peripécias a ela subsequentes. Nós o aconselhamos a ler mais, viajar mais e escrever menos, fazendo-se apenas aquelas perguntas às quais é possível responder.

Nota final

Aproveitando a momentânea ausência do redator do «Correio Literário», que conseguiu viajar para a Suíça (a que fica na Cassúbia) e para a Itália (perto de Varsóvia), podemos finalmente satisfazer o ardente desejo de nossos queridos Leitores, que exigem a publicação do retrato Dele e de informações mais detalhadas sobre Sua pessoa.

É asseado, agradável e bom. Gosta de animais, o que infelizmente não dá para ver na fotografia. Nas mulheres, o que ele mais valoriza é a submissão; nos homens, um pouquinho de obstinação. Gosta de história e política sem especial reciprocidade. É muitíssimo amistoso, o que para ele é muito fácil, já que não lê os livros de seus colegas. Ficou bastante famoso como autor de algumas cartilhas experimentais e de *Horários de partidas e chegadas*, inspirado na obra inovadora da sra. Nathalie Sarraute. Publicou coletâneas de poemas que se esgotaram tão rápido que nem tivemos tempo de anotar seus títulos. Mas Sua verdadeira potência está na área da crítica e ensaísmo literário. Seu trabalho no campo da psicologia da criatividade intitulado *Como começar, quando parar* (PIW, 1962) acaba de ter sua edição lançada. Temos também o prazer de comunicar que, na Grande Enciclopédia Universal, ele preparou com dedicação as entradas Poesia, Prosa e todas as outras entre elas. Há um volume robusto de Seus ensaios na imprensa, agrupados sob o título *Aquilo que um escritor iniciante deveria saber*. A segunda parte, *Aquilo que uma escritora iniciante deveria saber*, ainda está em fase de elaboração. Ambos os volumes serão rica e detalhadamente ilustrados.

Na primavera, ele às vezes sucumbe a estados emotivos irracionais. Então cantarola sua canção favorita: «A mulher dá felicidade por um instante, e depois morde como uma cobra venenosa...»

Solteiro, o que, a propósito, salta à vista...

Das Andere
Últimos volumes publicados

23. Ilaria Gaspari
    Lições de felicidade
24. Elisa Shua Dusapin
    Inverno em Sokcho
25. Erika Fatland
    Sovietistão
26. Danilo Kiš
    Homo Poeticus
27. Yasmina Reza
    O deus da carnificina
28. Davide Enia
    Notas para um naufrágio
29. David Foster Wallace
    Um antídoto contra a solidão
30. Ginevra Lamberti
    Por que começo do fim
31. Géraldine Schwarz
    Os amnésicos
32. Massimo Recalcati
    O complexo de Telêmaco
33. Wisława Szymborska
    Correio literário
34. Francesca Mannocchi
    Cada um carregue sua culpa
35. Emanuele Trevi
    Duas vidas
36. Kim Thúy
    Ru
37. Max Lobe
    A Trindade Bantu
38. W. H. Auden
    Aulas sobre Shakespeare
39. Aixa de la Cruz
    Mudar de ideia
40. Natalia Ginzburg
    Não me pergunte jamais
41. Jonas Hassen Khemiri
    A cláusula do pai
42. Edna St. Vincent Millay
    Poemas, solilóquios
    e sonetos
43. Czesław Miłosz
    Mente cativa
44. Alice Albinia
    Impérios do Indo
45. Simona Vinci
    O medo do medo
46. Krystyna Dąbrowska
    Agência de viagens
47. Hisham Matar
    O retorno
48. Yasmina Reza
    Felizes os felizes
49. Valentina Maini
    O emaranhado
50. Teresa Ciabatti
    A mais amada
51. Elisabeth Åsbrink
    1947
52. Paolo Milone
    A arte de amarrar as pessoas
53. Fleur Jaeggy
    Os suaves anos do castigo
54. Roberto Calasso
    Bobi
55. Yasmina Reza
    «Arte»
56. Enzo Traverso
    Gaza

Fevereiro
2025
Belo Horizonte
Veneza
São Paulo
Balerna